Goden – Die heidnischen Priester der Germanen

Goden

Die heidnischen
Priester
der Germanen

Baron Árpád v. Nahodyl Neményi

Altheidnische Schriften

Books on Demand GmbH, Norderstedt

Bibliografische Information der Deutschen Nationalbibliothek
Die Deutsche Nationalbibliothek verzeichnet diese Publikation in der
Deutschen Nationalbibliografie; detaillierte bibliografische Daten sind
im Internet über www.dnb.de abrufbar.

© 2016 Baron Árpád von Nahodyl Neményi

Herstellung und Verlag: BoD – Books on Demand, Norderstedt
ISBN 978-3-7322-8352-1

Inhaltsverzeichnis

Vorwort	7
1. Die vorgermanische Zeit	11
2. Die germanischen Priester	27
3. Aufgaben der Goden	39
4. Einsetzung der Goden	51
5. Der Eidring	69
6. Priesterränge	83
7. Stammespriester	93
8. Reinheit, Lebenswandel	103
9. Die Stammespriesterin Veleda	113
10. Hexen und Zauberer	125
11. Hexenbünde	135
12. Literatur, Abbildungsnachweis, Anmerkungen	149

Vorwort

*»Die Germanen haben ganz andere Bräuche.
Denn sie haben weder Druiden,
die den kultischen Dingen vorstehen,
noch legen sie großen Wert auf Opfer«.
(Gajus Julius Caesar)*[1]

Dieses Zitat von Julius Caesar ist mit dafür verantwortlich, daß die Forschung jahrzehntelang davon ausging, daß es ein mit dem keltischen Druidentum oder den christlichen Geistlichen vergleichbares germanisches Priestertum nicht gegeben hat. Zwar erwähnt der Römer Cornelius Tacitus Priester der Germanen, sogar Stammespriester, aber diese wurden immer unter der Prämisse des Caesar-Zitates betrachtet. Die von Tacitus erwähnten Priester waren demnach also keine spirituellen Priester, sondern höchstens relativ weltliche „Kultleiter" ohne eine besondere Ausbildung oder spirituelle Qualifikation. Da auch die isländischen Sagas ein Jahrtausend später die Priester der Nordgermanen oft wie weltliche Häuptlinge darstellten, schien das Caesar-Zitat bestätigt.

Ich werde mit diesem Buch aufzeigen, daß wir Caesar mißdeuten oder daß er sich irrte und daß auch die Germanen ein differenziertes spirituelles Priestertum kannten. Die Quellen dazu werde ich in diesem Buche anführen und ein Bild dieses Priestertums herausarbeiten, das uns diesen Teil der altheidnischen Religion neu erschließen wird.
Genaugenommen ist Caesars Aussage sogar richtig, denn die Germanen hatten unbestreitbar keine Druiden, aber sie hatten dafür Goden, die den kultischen Dingen vorstanden. Die Schlußfolgerung, die Germanen hätten überhaupt keine Priester gehabt, ist genaugenommen mit Caesars Aussage nicht zu begründen.

Dabei dürfen wir nicht vergessen, daß es bei den Germanen auch ein sogenanntes „Volkspriestertum" gegeben hat; dies bedeutet, im eigenen Hause kann z. B. der Hausvater die nötigen Zeremonien durchführen, auch Ehen wurden hier geschlossen, ohne daß es eines Priesters bedurft hätte. In meinem Buch geht es allein um den Priesterstand und seine

Funktion in der Gesellschaft, also bei den öffentlichen Kultfesten und den Thingen (Volks- und Gerichtsversammlungen).

Am Rande als Ergänzung werde ich auch auf die vom Priestertum getrennte Funktion der Magie eingehen, also den Bereich der Zauberer und Zauberinnen oder Hexen mit erwähnen. Oft ist eine deutliche Trennung zwischen der Priesterfunktion und der Zauberfunktion gar nicht möglich, das kultische Priestertum beinhaltete auch magische Bereiche und die ausgeübte Magie der Zauberer ist ohne das Opfer an die Götter nicht denkbar.

Mein Buch will dabei allen wissenschaftlichen Ansprüchen genügen, d. h. die Schlußfolgerungen sollen sich auf die Quellen beziehen und auch die Quellen werden kritisch betrachtet und können nicht immer ohne weiteres als absolute Wahrheit angesehen werden, wie das obige Beispiel von Caesar zeigt. Aber umgekehrt darf auch keine Hyperkritik geäußert werden, wenn in den Quellen etwas zu finden ist, was dem Deuter nicht in sein vorgefertigtes Bild paßt.

Ich gehe dabei den Weg, den die Quellen selbst vorgeben, ich stelle Quellen nur dann in Frage, wenn sie sich mit anderen Quellen widersprechen; wenn aber mehrere Quellen gleiche oder ähnliche Aussagen treffen, dann ist das eine Bestätigung und diese Quellen gelten mir dann als glaubwürdig. Spekulationen über die vermeintliche Intention eines Autoren wie etwa Tacitus, vermeide ich. Es ist für unsere Frage des Priestertums völlig ohne Relevanz, ob Tacitus den Römern nur ein germanisches Idealbild aufzeigen wollte, oder die Frage, ob er selbst Germanien bereist hat oder seine Informationen von Germanen in Rom gehört hatte. Immerhin war eine seiner Quellen Plinius, der selbst in Germanien gewesen ist.
Daß es im antiken Rom lebensgefährlich war, wenn ein Schreiber etwas absichtlich falsch darstellte oder gar frei erfand, habe ich bereits in meinem Buch „Der Slawen-Mythos" ausgeführt[2], so daß im Falle des Tacitus nicht davon ausgegangen werden kann.

Ich selbst befasse mich seit 34 Jahren mit der germanischen Mythologie und Religion und bin seit 1991 Allsherjargode. Das bedeutet aber nicht, daß deswegen meine Darstellung unwissenschaftlich ist oder eigenen Wunschvorstellungen folgt. Gerade weil ich die altheidnische Religion aus der Praxis her kenne und lebe kann ich viele in den Quellen nur angedeutete Einzelheiten gut verstehen und entschlüsseln. Reden nicht alle, die über die germanische Religion schreiben ohne sie selbst zu praktizieren, wie Blinde über die Farbe? Kann sich ein Mensch in die Gedanken- und Geisteswelt eines germanischen Priesters vor 2000 Jahren hineinversetzen, wenn ihm doch alle Glaubensvorstellungen dieses Priesters unglaubwürdig erscheinen? Wenn es ihm nicht mehr als finsterster Aberglaube, entstanden aus dem Unwissen der damaligen Zeit ist? Erinnert sei in diesem Zusammenhang an die vielen Erkenntnisse, die die Wissenschaft durch die „experimentelle Archäologie" gewonnen hat. Wenn man praktisch nachvollzieht, was bis dato nur in der Theorie bekannt war, dann findet man schnell heraus, wo die Schwachstellen der Theorie liegen, welche Vorstellungen richtig und welche unpraktizierbar sind.

Wir dürfen auch nicht vergessen, daß die antiken Autoren sich mit ihren Werken an Leser richteten, die selbst aus heidnischen Gesellschaften stammten und die daher ein Priestertum von Hause aus kannten. Ihnen mußte also nichts darüber gesagt werden, außer den Einzelheiten, die sich unterschieden, die den damaligen Lesern also unbekannt waren.

Trotz meines Anspruches, ein Buch vorzulegen, das wissenschaftlichen Vorgaben genügt, soll sich das Buch von einem reinen Fachbuch unterscheiden und allgemeinverständlich sein. So zitiere ich die Quellen nicht in ihren Originalsprachen, sondern in annehmbaren Übersetzungen und erspare es mir, alle wissenschaftlichen Theorien zu einzelnen Quellen anzuführen. Jeder Wissenschaftler hat seine eigene Meinung zu diesen Fragen und äußert sie in seinen Büchern. Ich habe gleichfalls meine Meinung und äußere sie hier. Ich hoffe, daß meine Leser die Schlußfolgerungen nachvollziehen können, ich liefere ihnen jedenfalls mit den zitierten Quellen die Grundlagen für eine Beurteilung und wenn jemand zu andern Schlußfolgerungen kommen mag als ich, dann ist das auch in Ordnung, denn niemand kann genau wissen, ob eine Schlußfolgerung richtig ist, oder nicht.

Es geht hier allerdings allein um die Priester, die einzelnen Dinge, die sie taten, kann ich nicht erläutern. Wenn ich also schreibe, daß die Goden ein Fest leiteten, dann beschreibe ich hier nicht die Einzelheiten, wie so ein Fest ablief. Ich verweise dafür auf meine weiteren Bücher, allen voran mein Buch „Götter, Mythen, Jahresfeste"[3].

Außerdem bin ich mir bewußt, daß die Bezeichnung „Gode" frühestens bei Caesar überliefert ist, so daß es unkorrekt wäre, etwa bei bronzezeitlichen Priestern von „Goden" zu sprechen. Wir wissen nicht, ob diese Bezeichnung damals schon in der entsprechenden sprachlichen Form – wie etwa das indische „Hotar" – üblich war, oder noch nicht. Richtiger müßte man also allgemein von „Priestern" sprechen, nur kommt eben der Begriff „Priester" vom kirchenlateinischen „Presbyter" („Gemeindeältester", griechisch „présbys", „alt, ehrwürdig")[4] und ist also mit Sicherheit auch falsch und sogar noch jünger, als die Bezeichnung „Gode". Somit ist es egal, welche Bezeichnung man wählt, man begibt sich immer in das Gebiet der Spekulation. Wichtig ist aber vor allem, daß der heutige Leser die Aussagen versteht, deswegen muß ich die Bezeichnung „Priester" verwenden, obwohl sie geschichtlich gesehen unpassend ist.

Da zum Thema bisher wenig Literatur vorhanden ist, will dieses Buch auch eine Lücke schließen und der Forschung neue Denkimpulse liefern.

Bad Belzig 2016

1.
Die vorgermanische Zeit

Auch das Priestertum der Germanen ist nicht isoliert zu betrachten, sondern entwickelte sich aus dem Priestertum der Bronzezeit und der Indogermanen heraus.
Leider sind auf Grund der spärlichen Quellen unsere Kenntnisse hier sehr beschränkt; wir können nur einzelne Fundstücke als Indizien heranziehen und von ihnen auf das damalige Priestertum schließen.

Über die Urheimat der Indogermanen gibt es bisher nur verschiedene Theorien. Nach der Kurgan-Hypothese befand sich die Urheimat der Indogermanen im 5. Jahrtausend in Südrußland, zwischen 4400 und 2200 vor unserer Zeit zogen Teile west-, süd- und ostwärts. Dieser Theorie widersprechen aber Tier- und Baumnamen, die sich in den indogermanischen Sprachen finden und die also in der Urheimat vorgekommen sein müssen. Wegen des Vorhandenseins oder Fehlens bestimmter Pflanzen- und Tiernamen muß die indogermanische Urheimat in einer Zone gemäßigten bis kühlen Klimas gelegen haben.

Die Alteuropa-Hypothese hingegen ist ganz ähnlich zu der Mitteleuropa-Hypothese, nach der die Indogermanen urspünglich im Raum zwischen Weser, Ostsee, Ostpolen und den Karpaten saßen und um 4000 v. Zt. die Trichterbecherkultur ausbildeten. Man schließt dies aus dem Fehlen nichtindogermanischer Eigennamen im mittleren und östlichen Europa in Verbindung mit dem Vorhandensein altindogermanischer Gewässernamen. Hier sind besonders die Forschungen der Gewässernamen von Prof. Jürgen Udolph zu erwähnen[5]. Etwa um 2500 v. u. Zt. begannen die Wanderungen in Richtung Balkan, Vorderasien und Indien. Manche Forscher lokalisierten die Urheimat zwischen Thüringen und Mecklenburg.

Die Abbildung 1 zeigt gestrichelt die vermutete Urheimat der Indogermanen um 3000 v. u. Zt. zwischen Nordsee und Schwarzem Meer nach Lothar Kilian[6].

Abb. 1: Urheimat der Indogermanen nach Lothar Kilian.

Uns soll hier die Frage der Urheimat nicht beschäftigen, es geht uns allein um das Priestertum des vermuteten indogermanischen Urvolkes. Über dieses wissen wir nur sehr wenig. Der Forscher George Dumézil (1898-1986) schreibt[7]:

»Es kann sein, daß die Gesellschaft vollständig unter Priester, Krieger und Hirten aufgeteilt wurde. Man kann ebenso annehmen, daß die Unterscheidung lediglich dazu geführt hatte, einige Sippen oder einige ‚spezialisierte' Familien hervorzuheben, weil die ersten wirksame Geheimnisse, die zweiten kriegerische Initiationsriten und Techniken, die dritten zuletzt Zuchtrezepte und -magien bewahrten«.

Um wenigstens eine gewisse Vorstellung des indogermanischen Priestertums zu erhalten, können wir uns das vedische indische Priestertum ansehen, das ja in der direkten Nachfolge des indogermanischen Priestertums steht. Es ist die Zeit um 1500 v. Ztw. Der Rigveda, der bedeutenste und älteste indische Veda, wird in die 2. Hälfte des 2. Jahrtausends vor der Ztw. datiert.

Schon die vedischen Inder als direkte Nachkommen der Indogermanen kannten ein Priestertum. Es waren die Brahmanen, und dort einzelne Brahmanengeschlechter wie die Vasisthras, Visvamitras oder Bharadvajas. Das Wissen der drei Priesterklassen ist im Rigveda, Yajurveda und Samaveda niedergelegt. Der Brahmane gehörte damals auch kaum einem Stamm an, sondern zog ohne Rücksicht auf die Volksgrenzen umher, seine Kunst hier oder dort gegen Bezahlung ausübend. Der Priester ist also ein vom eigentlichen Opferer beauftragter Fachmann, der dessen Opfer den Traditionen gemäß darbringt. Es heißt[8]:

»Jede Bitte die beim Opfer die Priester tun, gehört allein dem Opferer«.

Die Priester unterlagen aber der Vorschrift, daß sie aus dem Brahmanenstand kommen sollten, der die heiligste Kaste ist. Das erinnert nicht nur an die hebräischen Priester, die aus dem Stamme Levi sein mußten, sondern auch an die Germanen, bei denen die Priester aus dem Stand des Adels kommen mußten. Es heißt im Gebet des Adhvaryu[9]:

»In Heiligkeit werde der Brahmane geboren, voll Glanzes der Heiligkeit«.

Die Brahmanen befinden sich also schon von Geburt her im Zustande der Heiligkeit.

Das vedische Heidentum der alten Inder war priesterdominiert, es kannte die sog. „Volkspriesterschaft" nicht, bei der jeder selbst zum Priester werden konnte. Der Forscher Hermann Oldenberg (1854-1920) schreibt[10]:

»Demgegenüber tritt aber auf der anderen Seite ebenso entschieden hervor, daß der Hauptsache nach für das Opferwerk, das manuelle wie das liturgische, der Opferer bis auf einen recht geringen Anteil, der ihm und seiner Gattin gehört, auf die Priester angewiesen ist. Das vedische Indien ist eben weit entfernt von einem Idealzustand der Freiheit, wo jeder als sein eigener Priester der Gottheit ohne fremde Vermittlung zu nahen sich fähig und berufen gefühlt hätte. Inhaber der Kunst und Kraft rechten Opferns und Betens, als die technisch geschulten Sachverständigen, sind allein die Vasisthas, Visvamitras, Bharadvajas – überhaupt jene Familien, aus denen sich der Brahmanenstand aufbaut. Gliedern dieser Familien überträgt, wer opfern will, im Gefühl gläubigen Vertrauens (sraddha) die Priesterfunktionen (...)

Hier ist nun zunächst auf die naheliegende Konsequenz des eben erörterten Satzes hinzuweisen, daß das vedische Indien keine sacra publica [Volksriten] kannte: natürlich gab es auch keine sacerdotes publici [Volkspriester]«.

Im vedischen Indien war der Priester entweder Hauspriester („Purohita") im Dienste eines Königs und von diesem beschäftigt, oder er war Opferpriester („Rtvij") für bestimmte Opfer.

Schon in dieser Zeit herrschte der Glaube, daß ein Opfer ohne einen Priester wirkungslos ist und die Götter erst gar nicht erreicht. So sagt ein Brahmane[11]:

»Die Götter essen nicht die Speise eines Königs, der keinen Purohita hat. Will also ein König opfern, soll er einen Brahmanen zum Purohita machen, damit die Götter seine Speise essen«.

Das Amt des Purohita war zuweilen erblich, ging auf den Sohn über, und der Purohita galt als Guru des Königs. Im alten Handbuch der Staatskunst (Arthashastra) des Kautalya und des Vishnugupta aus der Zeit zwischen 300 v. u. Zt. und 200 u. Zt. heißt es[12]:

»Er [der König] soll ihm folgen wie dem Lehrer der Schüler, dem Vater der Sohn, dem Herrn der Diener«.

Und ähnlich ist es im Rigveda formuliert, wo der Priester – wohl der Purohita – dem König vorangeht[13]:

»Vor dem König beugen sich selbst die Untertanen, bei dem der Hohepriester den Vortritt hat«.

Auch die Götter selbst haben so einen Hohenpriester, nämlich den Gott Brhaspati. Als es ihnen im Kampfe gegen die Dämonen schlecht geht, forderten sie von Brhaspati, er solle ihnen eine Opferhandlung finden, durch die sie den Sieg über die Dämonen gewinnen.

Im vedischen Indien sollte der Purohita nach den Quellen (Rechtstexte und Erzählungen) gesetzes- und regierungskundig sein, bei allen Staatsgeschäften voranstehen, den König beraten und belehren, im Namen des Königs richten, Bußen verhängen und Eigentumsfragen entscheiden. Wenn Schwierigkeiten beim Regierungswechsel entstehen, kann er eingreifen und die notwendigen Maßregeln treffen. Im Rigveda (X, 98) wendet der Purohita für seinen König ein regenspendendes Zaubergebet an, im Atharvaveda (III, 19) führt der Purohita einen Schlachtzauber aus und im Mahavagga (Vinaya Pitaka X, 2, 6) meldet und deutet der Purohita dem König Vorzeichen. Das macht deutlich, daß die magische Funktion mit der priesterlichen Funktion verbunden war.

Abb. 2: Brahmane bei einer Opferung. 19. Jh.

Wie hoch ein Brahmane angesehen war, macht das indische Gesetzbuch des Manu (Manusmirti) deutlich, das man zwischen 200 v. Ztw. und 200 nach Ztw. ansetzt. Wer einen Brahmanen verachtet, der verdirbt, d. h. wird dafür sein Seelenheil verlieren[14]:

»*Ein Brahmane kann vergnügt schlafen und vergnügt aufwachen, ob er gleich verachtet wird, vergnügt kann er durch dieses Leben wandeln, aber der Verächter verdirbt gänzlich*«.

In der ältesten Zeit aber war der „Hotar" der eigentliche Priester, bis eben der brahmanische Purohita dies übernahm und der Hotar nur noch ein die alten Vedagebete rezitierender Opferpriester wurde. Die Gesänge wurden vom Udgatar (Sänger) vorgetragen.

Schon im Rigveda werden vom Gott Agni sieben Hotarklassen (Priesterklassen) aufgezählt, zu denen sich im Vers der Opferer selbst, nämlich der Hausherr, noch hinzugesellt. Diese Priesterklassen sind der Hotar, Potar, Nestar, Agnidh, Prasastar, Adhvaryu und Brahman (Purohita). Es heißt im Rigveda[15]:

»Dir, Agni, kommt das Amt des Hotar zu, dir das Amt des Potar zu seiner Zeit, dir das Amt des Nestar; du bist der Agnidh des Gesetzestreuen. Dir kommt das Amt des Prasastar zu, du wirkst als Adhvaryu. Du bist sowohl der Brahman als der Hausherr in unserem Hause«.

Wie alt diese Priesterklassen sind, daß sie indogermanische Wurzeln haben, erweist schon allein die Tatsache, daß der vedische Priester „Hotar" („Rufer" oder „Gießer") dem avestischen „Zaotar" entspricht, der vedische „Agnith" („Feuerentflammer") entspricht dem avestischen „Atrevakhs" („Feuerpfleger") und der vedische „Potar" („Reiniger") scheint dem avestischen „Asnatar" („Wäscher") zu entsprechen.

Der ursprüngliche Priester war also der „Hotar", dessen Name zu sanskrit „hu-" bzw. indogermanisch „*gheu-", „[den Opferguß] gießen" oder vielleicht zu indogerm. „*ghau-", „rufen" in der Bedeutung „Anrufen" zu deuten ist. Der ursprüngliche indogermanische Priester rief danach die Götter an und bzw-. oder spendete das Trank- bzw. Somaopfer. Er rezitierte heilige Verse und in dieser Funktion allein hat sich diese Priesterklasse in der vedischen Religion erhalten. Nun war der Hotar kein Anrufer oder Trankopfer spendender allgemeiner Opferpriester mehr, sondern allein ein Rezitator der kultischen Verse. Erwähnenswert ist dabei, daß auch der germanische Begriff „Gott" von Sprachwissenschaftlern[16] auf dieselben indogermanischen Begriffe zurückgeführt wird und vom Begriff „Gott" auch die germanische Priesterbezeichnung „Gode" abgeleitet ist. Somit wäre der germanische Begriff „Gode" mit dem indogermanischen Priesterbegriff „Hotar" stammverwandt.

Die andere alte Priesterklasse ist der „Adhvaryu" („dienstuender Priester"), der außer seine Handlungen begleitende Sprüche nichts sagen braucht. Er führt die Opferhandlungen aus.

Der „Agnidh" („Feuerschürer") ist der Gehilfe des Adhvaryu, er unterhält das Opferfeuer, sorgt für das Brennholz usw.

Der „Prasastar" („Befehlserteiler") heißt auch „Upavaktar" („Zusprecher") oder „Maitravaruna" („Priester des Mitra und Varuna") und kommt nur bei größeren Opferfesten vor, er gibt die Befehle an andere Priester, hat eine Reihe von Rezitationen vorzunehmen und ist beim Soma-Opfer Gehilfe des Hotar, wo er Gebete für Mitra und Varuna rezitiert, beim Tieropfer ist er gleichberechtigter Priester mit dem Hotar.

Der „Potar" („Reiniger") war der ursprüngliche Gehilfe des Hotar beim Soma-Opfer, der den Soma, das kultische Rauschgetränk, reinigen mußte. Später ist dieser Rang zu einem der unwichtigeren herabgesunken.

Der „Nestar" („Führer") war der Priester, der die Gemahlin des Opferherren herbeiführen mußte und bei der Spende an die Göttinnen seine Funktion hatte.

In der spätvedischen Zeit galt der Brahman-Priester als Gehilfe des Hotar und er war beim Soma-Opfer mit der Rezitation an Indra beschäftigt, später wurde er zum Überwacher des ganzen Opfers.

Neben diesen sieben Priesterklassen gab es drei Klassen von Sängern (Udgatar), die aber in der ältesten Zeit noch nicht vorhanden waren. Man vermutet, daß die Priester selbst das Singen der heiligen Gesänge vorgenommen hatten.

Doch kommen wir nun nach Europa zurück. Die Bronzezeit datiert man von 1800 v. u. Zt. bis 800 v. u. Zt. Wir kennen diese Zeit nur durch die archäologischen Fundstücke und Denkmäler, da uns schriftliche Quellen fehlen. Deswegen kann über das damalige Priestertum nicht viel gesagt werden. Sicher ist, daß ein Steinkreis wie Stonehenge, dessen Hauptphase noch vor der Bronzezeit, um 2000 v. u. Zt. datiert, ohne in der Gestirnsbeobachtung ausgebildete Fachleute nicht entstanden wäre; bestimmte Peillinien in Richtung auf- oder untergehender Gestirne sind dort vorhanden und die Anlage diente natürlich auch als Heiligtum.

Die Himmelsscheibe von Nebra (Abb. 3) hat einen Durchmesser von 32 cm, sie wird in die Zeit zwischen 2100 v. Ztw. und 1700 v. Ztw. datiert. Sie diente dazu, Gestirne zu beobachten und die Sonnenwenden zu bestimmen – auch dies ist ohne ein spezialisiertes Priestertum kaum denkbar. Erwähnt werden müssen hier auch die Kreisheiligtümer (z. B. Goseck, Pömmelte, Woodhenge) oder das Heiligtum der Externsteine (Abb. 40, S. 116), in denen sowohl die Sonnenwenden, wie auch das Mondextrem angepeilt werden konnte.

Abb. 3: Himmelsscheibe von Nebra, Sachsen-Anhalt, Bronzezeit. Photo: Wikimedia.

Auf den jungsteinzeitlich-bronzezeitlichen Felsbildern von Schweden finden wir Lurenbläser dargestellt. Luren sind große gewundene Bronzetrompeten, die zu kultischen Anlässen geblasen wurden. Möglicherweise geschah das durch Priester. Die Abb. 4 zeigt ein Felsbild von Tanum mit vier Lurenbläsern, darunter ein Schiff mit einem Baum; es handelt sich um ein Prozessionsschiff, mit dessen Hilfe der Kultbaum befördert wird.

Abb. 4: Schwedisches Felsbild von Tanum mit vier Lurenbläsern, frühe Bronzezeit.

Ob es sich bei den Lurenbläsern um Priester handelt, oder Musiker die keine priesterlichen Funktionen hatten, ist unklar. Zumindest um am Kult beteiligte Personen handelt es sich aber in jedem Falle.

Ein anderes Felsbild hingegen zeigt einen kompletten Kultumzug mit einer Götterfigur (siehe Abb. 5). Die 5. Figur von rechts ist übergroß, es wurde vermutet, daß es sich um ein Götterbild handelt[17]. Dieses Götterbild wird von der Figur direkt hinter ihm geführt. Insgesamt folgen 12 Figuren diesem Götterbild, vier gehen ihm voran. Wir können mit Sicherheit davon ausgehen, daß bei diesem kultischen Umzug zwischen zwei Schiffen Priester zugegen sind. Ob die das Götterbild führende Figur der Priester ist, oder eine andere oder sogar alle, ist dabei natürlich nicht mehr feststellbar.

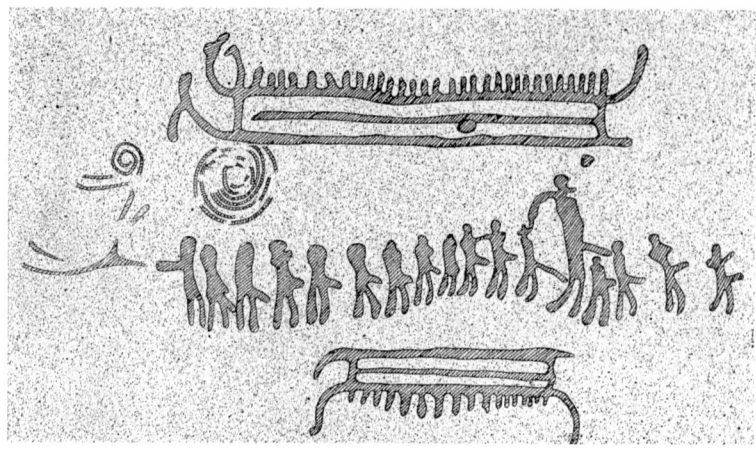

Abb. 5: Kultumzug der Bronzezeit, schwedisches Felsbild.

Leider liefern uns auch die Felszeichnungen des Steingrabes von Kivik (Bronzezeit, um 1000 v. u. Zt.) nicht viel mehr Informationen. Immerhin finden wir hier Kulte dargestellt, aber die Bilder lassen sich sehr unterschiedlich interpretieren.

Auf einer Tafel (Abb. 6) ist ein Opferkult dargestellt. In der oberen Reihe sieht man links zwei Personen, die offenbar Feuer quirlen, dann zwei weitere Personen, eine davon hält einen Becher hoch zu dem oben angedeuteten großen Gefäß oder Gestirn, rechts zwei Lurenbläser. Die kultische Feuerzeugung wurde vielleicht von Priestern bewerkstelligt. In der mittleren Reihe stehen acht Figuren mit Vogelmaske und langem Gewand um einen Kessel herum, der als Opferkessel gedeutet wird.

In der unteren Reihe scheint das seitlich geöffnete runde Zeichen eine liegende Urform der othala-Rune zu sein und einen eingehegten oder geschützten Ort zu bedeuten, also z. B. ein Heiligtum. Ein Mann mit Stab oder Schwert bewacht es, hinter ihm folgen drei weitere Personen. Rechts unten scheint dieser Mann zwei der Personen durchgelassen zu haben. Der Wächter eines Heiligtums muß aber kein Priester gewesen sein und kann es auch nicht, sollte der Stab tatsächlich ein Schwert sein, denn Priester durften (wie spätere Quellen überliefern) keine Schwerter tragen.

Abb 6: Steinplatte des Kivik-Grabes mit Opferzeremonie. Bronzezeit.

Die andere Platte (Abb. 7) zeigt rechts und links eine Axt, zwei Speerblätter und unten ein Schiff. Nur das Gebilde in der Mitte scheint unklar. Man hat es als Goldhut gedeutet. Die Äxte deuten auf den Gewittergott Donar (Thórr) hin, die Speerspitzen auf den Gott Wodan (Óðinn). Auch derartige Bilder sind Belege für eine Kontinuität der Göttervorstellungen sowie auch einer Kontinuität der Bevölkerung.

Und damit sind wir nun bei anderen bronzezeitlichen Fundstücken, den „Goldhüten". Es handelt sich um hut- oder helmartige Kopfbedeckungen aus Gold, reich mit Ornamentik voll symbolischer Bedeutung versehen, und diese Hüte haben eine hohe Spitze (siehe Abb. 8). Es sind vier derartige Goldhüte gefunden worden, der Berliner Goldhut stammt aus der

Abb. 7: Steinplatte des Kivik-Grabes mit Goldhut-Darstellung. Bronzezeit.

Zeit von 1000 bis 800 v. u. Zt., der Goldhut von Schifferstadt stammt von 1400 bis 1300 v. Ztw., der Goldblechkegel von Ezelsdorf-Buch zwischen 1000 und 900 v. Ztw., der Goldblechkegel von Avanton stammt von 1000 v. u. Zt. Die Forscher gehen davon aus, daß es sich um kultische Kopfbedeckungen von Priestern handelt, die Verbindung zu der Abbildung des Kivik-Grabes, das ja Kulte darstellt, legt die kultische Nutzung nahe. Anhand des vollständig erhaltenen Berliner Goldhutes konnten die Ornamente als astronomische Teile eines Sonnen-Mond-Kalenders erklärt werden. Zeitabschnitte und Monate konnten hier abgezählt werden, um so Sonnen- und Mondzeiten zu bestimmen.

Abb. 8: Berliner Goldhut. Eine bronzezeitliche Kopfbedeckung, die zweifellos kultischen Zwecken diente. Museum Berlin.

Dieses komplizierte astronomische Wissen ist ohne die Spezialisten, die es erarbeiteten und lehrten, also Priester, nicht denkbar. Auch können wir davon ausgehen, daß die Goldhüte nicht vom König, sondern vom Stammespriester getragen wurden. Diese Schlußfolgerung wage ich, weil noch über zwei Jahrtausende später der römische Papst eine goldene Krone, die Tiara, trug (s. Abb. 9). Diese aber ähnelt auffällig in ihrer Form den Goldhüten. Statt der lunisolaren Ornamente trägt die Tiara aber kronenähnliche Verzierungen und sie ist auch nicht so lang, wie ein Goldhut. Seit einiger Zeit tragen die Päpste die Tiara nicht mehr, sondern die leichtere Mitra.

Abb. 9: Die Papstkrone oder Tiara, noch heute Zeichen der päpstlichen Macht.

Auch wenn wir also keine konkreten Belege für das Priestertum der Bronzezeit haben, so legen doch die Fundstücke und Kultstätten mit den astronomischen Beziehungen es sehr nahe, daß es eine ausgebildete Priesterschaft gegeben haben muß, zumal sich eine solche ja auch im vedischen Indien und avestischen Persien erhalten hat. Auch kann nicht angenommen werden, daß die bei Tacitus und in anderen antiken Quellen erwähnten Priester keine Entsprechungen einige Jahrhunderte zuvor gehabt haben sollten. Ein hierarchisches Priestertum, wie es bei Tacitus erwähnt wird, kann nicht innerhalb kurzer Zeit entstanden sein, sondern ist eher die Fortführung einer uralten Tradition.

Der Forscher Jan de Vries (1890-1964) schreibt über das germanische Priestertum, welches sich aus dem indogermanischen entwickelt hatte[18]:

»Wenn wir aber bedenken, daß durch die Wörter brahman und flamen schon für die indogermanische Zeit eine feste priesterliche Organisation bewiesen sein dürfte (s. Dumézil 4), so müssen wir auch für die Germanen eine nicht so verweltlichte Priesterfunktion voraussetzen, wie uns das isländische Godentum zeigt«.

Die isländischen Quellen wurden ja zur christlichen Zeit aufgeschrieben, wo es Goden als weltliche Häuptlinge immer noch gab. So kann die aktuelle Sichtweise der Goden von den Sagaschreibern in die heidnische Vorzeit übertragen worden sein – auch wollte man vielleicht vermeiden, ein noch bestehendes und begehrtes Amt – die Godenschaft – zu „heidnisch" erscheinen zu lassen, weswegen die deutlichen priesterlichen Funktionen in den Sagas etwas zurücktreten.

2.
Die germanischen Priester

Die „Goden", die germanischen Priester, sind in fast allen germanischen Ländern bezeugt. Für Deutschland in einer althochdeutschen Glosse im Abba-Glossar. Hier finden wir dieses Wort in der Form „gotinc" oder „cotinc" in der Bedeutung „Vorsteher, Tribun, Richter"[19]:

»ciliarcus. uueraltkhraft. tribunus. cotinc. qui mille uiros. habet. ther thusunt manno. habet. edho camano«.

(»Chiliarch Weltkraft Tribun Gode, der 1000 Männer hat«).

Die älteste, sichere Erwähnung stammt aus Norwegen; es ist die Runeninschrift des Steines von Huglen (Südhordland) aus der Zeit um 400 u. Zt. (siehe Abb. 10)[20]:

»eh gudija ungandiz i h«.

(»Ich, der Gode zaubergefeit bewirke Eis Hagel«).

Hier scheint der Gode noch mit dem Zauber in Verbindung zu stehen, allerdings können die beiden Runen am Ende der Inschrift auch zu einem verlorenen Ende „i hugulu" (in Huglen) gehören. Und für „Zauber" steht „gandiz", der „Gandr" ist der große Zauberstab, „gandreið" ist der Schamanenritt auf dem Zauberstab. Die Inschrift ist linksläufig, auf meiner Abbildung von unten nach oben laufend.

Für Dänemark (Fünen) bezeugen die beiden Runensteine von Helnæs und Flemløse aus dem Anfang des 9. Jh. die Bezeichnung, sowie der Stein von Glavendrup, 10. Jh. Die Inschrift von Helnæs (Abb. 11) lautet[21]:

»rhuulfR sati stain nuRa | kupi aft kupmunt brupur | sunu sin truknapu ..... | ouaiR fapi«.

Abb. 10: Der Runenstein von Huglen, Norwegen um 400; links Vergrößerung der von unten nach oben linksläufig verlaufenden Inschrift.

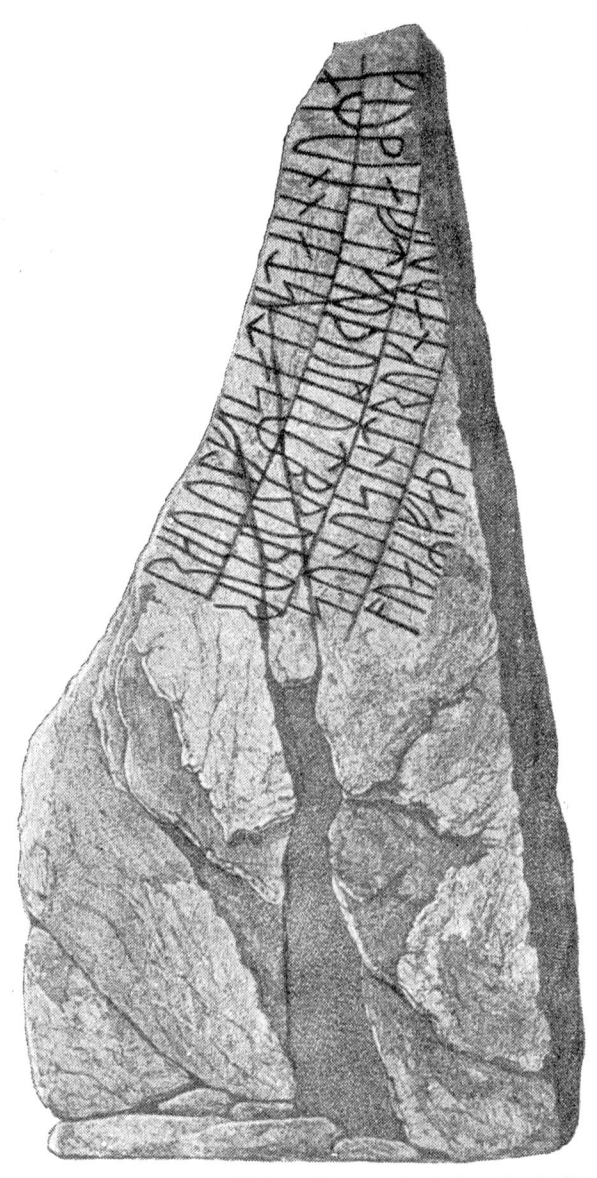

Abb. 11: Der Runenstein von Helnæs, Dänemark Anfang des 9. Jh. Das Wort „Gode" (kupi) läuft rechts von der Spitze des Steines nach unten.

Abb. 12: Runenstein von Flemløse, Dänemark, Anf. des 9. Jh. Das Wort "Gode" (kupi) steht in der rechten Spalte und läuft nach oben.

(»Rolf setzte [den] Stein, [der] Nore-Gode, nach Gudmund, seinem Brudersohn. [Sie] ertranken. Aver färbte [die Runen]«).

Die ähnliche Runeninschrift auf dem Flemløse-Stein (Abb 12) lautet[22]:

»Aft ruulf statR [st]Ain sAsi is uAs nuRa kupi satu su[niR aftiR auAiR faapi«.

(»Nach Roulv steht dieser Stein, der Nura-Gode war, es setzten die Söhne den Stein nach. Awair färbte [die Runen]«).

Der Nora-Gode Rolf war offenbar begütert, da er es sich leisten konnte, einen Runenstein für seinen Neffen setzen zu lassen, und ihm selbst wurde später auch ein Runenstein gesetzt. Wir wissen nicht, ob „Nora-Gode" auf das Gebiet des Goden, Nuri, oder vielleicht den Stamm der Nurir hindeutet.

Als dritten dänischen Stein haben wir den Stein von Glavendrup, von dessen langer Inschrift ich hier nur die Seite 1 wiedergebe (Abb. 13)[23]:

»raknhiltr sati stain pousi auft ala saulua kupa uia lips haipuiarpan piakn«.

(»Ragnhild setzte diesen Stein nach Alli dem Bleichen, dem Goden der Heiligtümer, dem hoch geehrten Mann im Gefolge«).

Hier ist die Bezeichnung „kutha uia" nicht eindeutig, sie kann „Gode der Heiligtümer" bedeuten, was ungewöhnlich wäre, da ein Gode nur einem einzigen Heiligtum vorstand, aber sie kann auch

Abb. 13: Runenstein von Glavendrup, Dänemark, 10. Jh., das Wort „Gode" (kupa) steht in der linken Spalte am oberen Ende.

„geweihter Gode" bedeuten. Dieser Gode war übrigens ein Mitglied der königlichen Gefolgschaft, wie die Inschrift bezeugt. Somit muß er auch mit dem König zusammen durchs Land gezogen sein und konnte damit in seinem eigenen Heiligtum nicht immer anwesend sein. Vermutlich hatte er als Gode des Königs auch einen höheren Rang, als andere Goden, war also ein „Díar" (siehe Kapitel 6).

Für Norwegen, Schweden und Island bezeugen die Sagas die Bezeichnung „goði" („Gode", plural „goðar") oder weiblich „gyðja" („Godin"), für die Schweiz bezeugt die Anrede an einen christlichen Priester, „Herr Gotte" die alte Bezeichnung „Gode", die nun auf die Priester des neuen Glaubens übertragen wurde. Das Wort „Gotte" wandelte sich zwar zu einer Bedeutung von „Pate", doch dies geschah, weil in heidnischer Zeit der Gode die religiöse Unterrichtung der Menschen vornahm und in dieser Hinsicht damit ihr Pate war.

Selbst die Goten verwendeten diese Bezeichnung in der Form „gudja"; so findet sie sich in der gotischen Bibelübersetzung des Wulfilas (4. Jh. u. Zt.) als Entsprechung für das griechische „Hiereus" und „Archiereus", das für jüdische Priester steht. Daß Wulfilas diese heidnische Bezeichnung für jüdische Priester wählte, ist ein Indiz dafür, daß die heidnischen Priester mit ihnen vergleichbar waren. Wären die heidnischen Goden bloße Häuptlinge ohne spirituelle Funktion, dann hätte Wulfilas diesen Begriff sicher nicht gewählt.

Im Angelsächsischen findet sich „godi" für „Priester" und das Wort erscheint auch im angelsächsischen Eigennamen „Goda". Die Religion heißt dort auch „cotedehtigi" oder „gotedehti"[24]. Vielleicht muß man auch die Begriffe altenglisch „godesman", „godes theow" und die mittelniederdeutschen „gotesman", „gotesscalh" und „gotesboto" hier mit anführen.

Die älteste Erwähnung des Begriffs „Gode" finden wir möglicherweise bei Caesar in dessen Schrift „De bello gallico"[25] als „Cotuatus" („Godenvater"). Caesars Werk entstand im Jahre 52/51 v. u. Zt. Danach wäre die Bezeichnung „Gode" also bereits über 2000 Jahre alt. Ich werde im Kapitel 7 „Stammespriester" noch darauf eingehen.

Das Grundwort all dieser Fassungen lautet „*goto" und bezeichnet den Mann, der zu einem Gott gehört oder in dessen Dienst steht[26]. Die Bezeichnung „goð" („Gott")[27] als Vorlage des Priesterbegriffes bedarf dabei weiterer Erklärungen. Das Wort „Gott" soll keine indogermanische Entsprechungen haben. Der Forscher Jan de Vries schreibt[28]:

»Das allgemeingermanische Wort Gott ist ein Neutrum. Der ursprüngliche Begriffsinhalt kann nur durch etymologische Spekulation bestimmt werden, und die Beschränkung des Wortes auf das germanische Sprachgebiet macht es auch zweifelhaft, ob wir es aus dem indogermanischen Sprachmaterial erklären dürfen. Ursprünglich wurde es eigentlich nur als Pluralis gebraucht und bedeutet „die göttlichen Mächte". Das Alter dieser Bezeichnung wird durch das Wort für Priester erwiesen: gotisch gudja und altnordisch góði; daraus geht aber auch hervor, daß gutha das allgemeine Wort für „Gottheit" war (...) Das Wort ist später in die christliche Terminologie übergegangen. Dabei ist es männlich geworden«.

Es stellt sich nun die Frage, woher dieses Wort denn stammt. Nach meiner Deutung wurde die Bezeichnung vom Eigennamen des Gottes Wodan (nordisch: Óðinn) abgeleitet. Die Erklärung dazu liefert uns der Chronist Paulus diaconus (Paul der Diakon) in der von ihm nach 774 in lateinisch verfaßten „Gesta Langobardorum" (Langobardengeschichte)[29]:

»Wotan aber, den sie mit Beifügung eines Buchstabens Guodan nannten, ist der nämliche Gott, der bei den Römern Mercurius heißt, und von allen Völkern Germaniens als Gott verehrt wird«.

In der Handschrift finden sich die Schreibweisen „Guodan" bzw. „Gvodan" und „Gotan". Durch Verkürzung konnte daraus „Guod" und „Got" werden, was der alt- und mittelhochdeutschen Schreibweise des Wortes „Gott" entspricht. Danach handelte es sich beim Begriff „Gott" ursprünglich um den Eigennamen des Gottes Wodan, die Goden wurden also nach diesem Hauptgott benannt. Der Eigenname in dieser Form wandelte sich dann zu einer allgemeinen Bezeichnung für „Gottheit", ganz ähnlich wie der Eigenname des Gottes „Tius" auch zu einer Bezeichnung für Gottheiten allgemein (altnord. „tivar") werden konnte.

Schon in heidnischer Zeit war aber die Bedeutung der Bezeichnung „Gode" offenbar nicht klar, denn der Chronist Jordanis schrieb um 551 in seiner „Getica" (Gotengeschichte)[30]:

»Da kamen jene Priester der Goten, welche die Frommen [pii] hießen, nachdem plötzlich die Tore geöffnet waren, unter Citherspiel in weißen Kleidern heraus und riefen im Bittgesang die heimischen Götter an, daß sie hilfreich die Macedonier vertreiben möch-

ten. Als die Macedonier diese so zuversichtlich auf sich zukommen sahen, stutzten sie, und sie, die Bewaffneten, wurden, wenn man so sagen darf von den Unbewaffneten in Schrecken gesetzt«.

Ich vermute, daß Jordanis die Bezeichnung „gudja" („Gode") falsch gedeutet hatte und das Wort mit lateinisch „pius" („selig, religiös, heiligmäßig, gnädig, gütig, liebevoll, gottesfürchtig, fromm, rechtschaffen, gewissenhaft, pflichtbewußt") wiedergab, so daß die Bezeichnung „Goden" hier zu „pius" wurde. Er sagt ja, sie hießen so, es ist also der Versuch, ihren gotischen Namen lateinisch zu übersetzen. Leider ist das Wort „pius" sehr vieldeutig, „fromm" ist nur eine mögliche Bedeutung von „pius". Jordanis aber war Zeitzeuge und seine Deutung ist deswegen nicht von der Hand zu weisen. Vielleicht lag er richtig und die heutigen Deutungen sind falsch, wir wissen es nicht.

Ich möchte hier noch weitere Deutungen anführen. Es gibt keine indogermanische Entsprechung für „Gott", wie bereits Jan de Vries feststellte (siehe oben); auch Richard M. Meyer bestätigt dies[31]:

»Es gibt kein indogermanisches Wort für „Gott"«.

Trotzdem hat man versucht, das Wort auch zu indogermanischen Urwörtern zu stellen. Dabei ist man sich allerdings nicht sicher, welche der Urwörter hier in Frage kommen. Das Wort wird von einem Begriff für „Stimme" abgeleitet, altirisch „guth", „Stimme", nlat.-dt. „guttural", „die Kehle betreffend", sanskrit „hu-", indogermanisch „*ghau-", „rufen" in der Bedeutung „Anrufen". Danach ist also der Gode derjenige, der die Götter anruft, oder derjenige der mit den Göttern in Verbindung steht, wobei „Gott" eben das „angerufene Wesen" bedeutet.

Die andere Möglichkeit deutet das Wort „Gott" von der indogermanischen Wurzel „*gheu-", „gießen", im Sanskrit auch „hu-", so daß wir die Bedeutung „das, dem [mit Trankopfer] geopfert wird" hätten.
Wenn wir das Wort auf die indogermanische Zeit zurückführen können, dann ist es in jedem Falle mit der vedischen Priesterbezeichnung „Hotar" stammverwandt. Die germanische Bezeichnung „Gode" wäre dann etymologisch identisch mit dem vedischen Begriff „Hotar".

Im skandinavischen Bereich erfolgte in der Vikingerzeit eine weitere Differenzierung. Man unterschied nun:

Hof-goði = Gode eines Tempels („hof, hofði" = Tempel);
Vé-goði = Gode eines Heiligtums („vé" = Heiligtum);
Blót-goði = Opfergode („blót" = Opferfest);
Lög-goði = Gode im Sinne des Gesetzes („lög" = Gesetz);
Leik-goði = Kulttanz-Gode (got. „laikan", ahd. „leih" = Lied, Tanz).

Ich gehe davon aus, daß „Gode" die allgemeine Bezeichnung der germanischen Priester war; es konnten auch Frauen diese Würde haben, im Altnordischen werden sie „gyðjar" genannt.

Daneben sind uns aber eine Reihe weiterer Bezeichnungen für Priester überliefert, die ich auch kurz anführen will.

Am häufigsten bezeugt ist die Bezeichnung althochdeutsch „ewart", „ewarto", angelsächsisch „æweweard" im Beowulfepos 1702[32]:

»Wohl wird sagen, / wer Wahrheit und Recht
fördert im Volk / und des fernsten gedenkt,
als alter Ewart, / daß dieser Edling hier
als der beste geboren. / Verbreitet wird dein Ruhm
auf weiten Wegen, / mein wackrer Beowulf«.

Das Wort bedeutet „Warter des Gesetzes", denn althochdeutsch „ewa", mittelhochdeutsch „ewe", altenglisch „æ[w]" ist das „Recht, Gesetz", es ist z. B. in „Ehe" („Verbindung nach altem Gesetz") enthalten. Es bedeutet auch die sittlichen und religiösen Ordnungen allgemein, das göttliche Gesetz. Im althochdeutschen Abrogans wird die lateinische Bezeichnung „Religion" mit „ehafti" oder „ehaftida" wiedergegeben. Darum kann man folgern, daß der Ewart ein spiritueller Priester, kein Richter gewesen ist. In einer althochdeutschen Glosse kommt der Begriff auch für „Priesterin" in der weiblichen Form vor: „euuartinna" (Ewartina). Und der oberste Stammespriester der Wenden (Wandalen) und Balten, der „Criwe" wurde auch „Evarto Krian" genannt.

Ein ähnlicher Begriff ist althochdeutsch „esago", altsächsisch „eosago", altfriesisch „asega", „Gesetzessager"; diese Funktion war eine rechtliche, keine priesterliche. Ob es ursprünglich eine Priesterbezeichnung war, ist unsicher. Sicher aber war der Esago dem Ewart untergeordnet, da er ja nur wie ein späterer christlicher Lektor die heiligen Lieder, Mythen oder Gesetze vortrug.

Die althochdeutsche Bezeichnung „bluostrari" („der Opfernde" zu „blót", „Opferfest") scheint eine späte Bildung (an dem Lehnsuffix erkenntlich) zu sein.

Der „harugari", altenglisch „heargweard", kann Priester oder Weissager sein, die Bezeichnung ist nach dem heiligen Hain (althochdeutsch „harug", angelsächsisch „hearg", altnordisch „hörgr") gebildet. Das Wort bezeichnet auch einen als Steinhaufen errichteten Altar. Im Beowulfepos 175 findet sich „hærgtræf" („Göttertempel, Opferstätte"), was eigentlich „Palisade um einen heiligen Platz" bedeutet. Die Harugs waren umhegt, aber so, daß man sie noch umschreiten konnte, und zuweilen mit einem Gestell versehen, also überdacht. In diesem Sinne werden sie auch in der Edda erwähnt (Völuspá 7, Grimnismál 16). Man hat festgestellt, daß die Harugs im Norden eher weiblichen Gottheiten gewidmet waren und oft fungierten hier Priesterinnen.

Auch „para" bezeichnet ein Heiligtum (althochdeutsch „paro", angelsächsisch „bearo", altnordisch „barr" im Eddalied Skírnisför) und davon ist die Bezeichnung „parawari" gebildet, was „Hüter des heiligen Hains" bedeutet. Das Wort bezeichnet einen Hain, Blütenhain oder auch Nadelbäume, also einen Hain von Nadelbäumen.

Auf dem Runenstein von Rök, Ostgotland um 820[33] finden wir die Bezeichnung „uiauari" was „Hüter des Heiligtums" bedeutet und auch einen Goden bezeichnet.

Auf eine priesterliche Funktion weist auch der Name „Ölvir" hin, denn er geht auf „*alh-wihaz" zurück, was man mit „Priester eines Heiligtums" („alh", „Heiligtum") deuten kann. Auf dem Runenstein von Sparlösa findet sich „ulubiR" („alh-yfiR", „der in einem Heiligtum fungiert"). In den Nefnathulur der jüngeren Edda trägt der Gott Óðinn den Beinamen „Fornölvir" („der heidnische Ölvir" oder „der Vorzeit-Ölvir", „der alte Ölvir" oder besser: „Der alte Heiligtums-Hüter").

Möglicherweise stellt auch die Bezeichnung „Vífill" eine Priesterbezeichnung dar. Das Wort findet sich bei Saxo Grammaticus in dessen gegen 1200 verfaßten Gesta Danorum (7, 11: 12) hinter dem Namen Thorvillus (Thórvífill) und in Runen auf dem Felsbild von Veblungsnes (6. Jh.) als „ek irilaz wiwila" („Ich der Eruler, der Weihende"), was auf „wigwilaz" zurückgehen kann[34].

Allgemein sind sich die Wissenschaftler aber darüber einig, daß die in Runeninschriften häufig bezeugten Eruler keine Priester, sondern runen- und vielleicht zauberkundige Anführer waren; der Begriff „Eruler" wurde zum Adelstitel „Jarl" (englisch „Earl", „Graf"). Ich habe die Eruler bereits in meinem Buch „Heilige Runen"[35] ausführlich behandelt.

Kultische Funktionen hatte sicher auch der Thul (altnord. „Thulr", altnord. „þulur" sind „Lieder"), der mythologisches Wissen besaß und den König beriet. Auch ihn habe ich schon ausführlich in „Heilige Runen" behandelt[36].

Im christlichen Heliand-Epos findet sich das Wort „wihes ward" („Wärter des Heiligtums"), zugrunde liegt das Wort „wih", altnordisch „vé" („Heiligtum", wörtlich: „Weihtum"). Vermutlich ist ursprünglich ein Gode in der Funktion als Hüter eines Heiligtums gemeint.

3.
Aufgaben der Goden

Ich will nun an Hand der Primärquellen aufzeigen, welche Aufgaben die Goden hatten.

Zuvor aber noch eine kurze Einfügung über weibliche Goden, die Gydjas. Daß wir hier eine echte weibliche Form (Gydja) statt einer abgewandelten männlichen (Godin) haben, ist schon ein Hinweis auf eine alte Tradition. Zwar gibt es nur wenige Quellen, die Gydjas erwähnen, doch sollen diese nicht unerwähnt bleiben. Mit der Priesterin Veleda werde ich mich im 9. Kapitel noch beschäftigen.

Strabo erwähnt in seiner um 18 u. Zt. entstandenen Geographia[37] „Opferweiber" der Kimbern, die Kriegsgefangene opferten und aus deren Blut weissagten. Er beschreibt recht genau ihre Kleidung (s. Seite 64).

Schon in der Edda finden wir eine Gydja, im Eddalied Hyndluljóð 13:

»Eine Mutter hatte deines Vaters Mutter, halsbandgeschmückt,
Ich glaube, sie hieß Hléðís Gyðja.
Fróði war ihr Vater, Friot ihre Mutter.
All dies Geschlecht war übermenschlich«.

„Hléðis" bedeutet „berühmte Dise" oder „Schutz-Dise", Disen sind weibliche Geistwesen.

In den isländischen Landnámabók die zwischen 1275 und 1280 zusammengestellt wurden, finde ich zwei Erwähnungen[38]:

»Rolf der Jüngere gab seine Tochter Thorlaug, die Gydja, dem Oddi Yvarsson zur Frau«.
»Thorstein hatte die Gydja Thurid, die Tochter Solmunds in Asbjarnarnes, zur Frau«.

Es werden weiterhin erwähnt Thuridr Véthormsdóttir Hofgyðja in den Landnámabók[39], die eine Halbschwester vom Freysgoden Thordr war, sowie eine Gydja des Gottes Freyr in Schweden, die aus der Geschichte von Gunnar Helmingr[40] bekannt ist.

Interessant ist nun, daß es in Island auch eine Gydja gab, die den Haupttempel verwaltete. Sie hatte also einen höheren Rang (siehe Kapitel 6). Es heißt in der Mitte des 13. Jh. entstandenen Vapnfirðinga Saga[41]:

»Es war da eine Frau, namens Steinvör, die war Tempelgydja [hof-gyðja] und verwaltete den Haupttempel, zu dem alle Bauern Zins zahlen mußten. Diese Steinvör besuchte den Brodd-Helgi, der ein Verwandter von ihr war, und erzählte ihm von ihrer Schwierigkeit, daß nämlich Thorleif der Christ keinen Tempelzins bezahle wie andere Leute. Brodd-Helgi versprach, in ihrem Namen die Klage gegen Thorleif zu führen«.

Die Gydja führte also die Klage nicht selbst, vermutlich, weil es beim Thing auch recht hart zugehen konnte. Man hat wegen dieser Quelle vermutet, daß eine Gyðja nur die priesterlichen Aufgaben wahrnehmen konnte, nicht die rechtlichen, die zum Godenamt gehören. Wir sehen jedenfalls auch, daß Gydjas verheiratet sein konnten wie Goden, aber anders als etwa die römischen Vestalinnen oder die christlichen Nonnen.

Verschiedene germanische Eigennamen für Frauen deuten noch darauf hin, daß diese Frauen priesterliche Funktionen hatten. So „Wihlaug" oder nord. „Vélaug" („die das Heiligtum Badende oder Waschende"), „Wichbirg" oder nordisch „Vébjörg" („die das Heiligtum Hütende"), „Wihdiu" („Dienerin des Heiligtums"), „Herigilt" („Priesterin des Heeres"), „Alahgunt" („Valkyre des Heiligtums"), „Ratwina" („Ratfreundin"), oder Véfreyja („Heiligtumsherrin"), Védís („Heiligtums-Dise") und Vény („Heiligtums-Mädchen").

Doch nun zu den Aufgaben der Goden nach den Quellen.

Das Vorhandensein von Heiligtümern wie dem Mittelberg in der Nähe von Nebra, wo man die berühmte Himmelsscheibe (s. Abb. 3, S. 18) gefunden hatte, die Kreisgrabenanlage bzw. das Sonnenobservatorium von Goseck oder die Kreisgrabenanlage von Pömmelte, die Externsteine (Abb. 40, S. 116), das englische Woodhenge (Wiltshire) (siehe Abb. 14) und das naheliegende Durrington Walls und Marden Henge, auch Stonehenge selbst (Abb. 15, S. 43) deuten darauf hin, daß sich die Priester auch

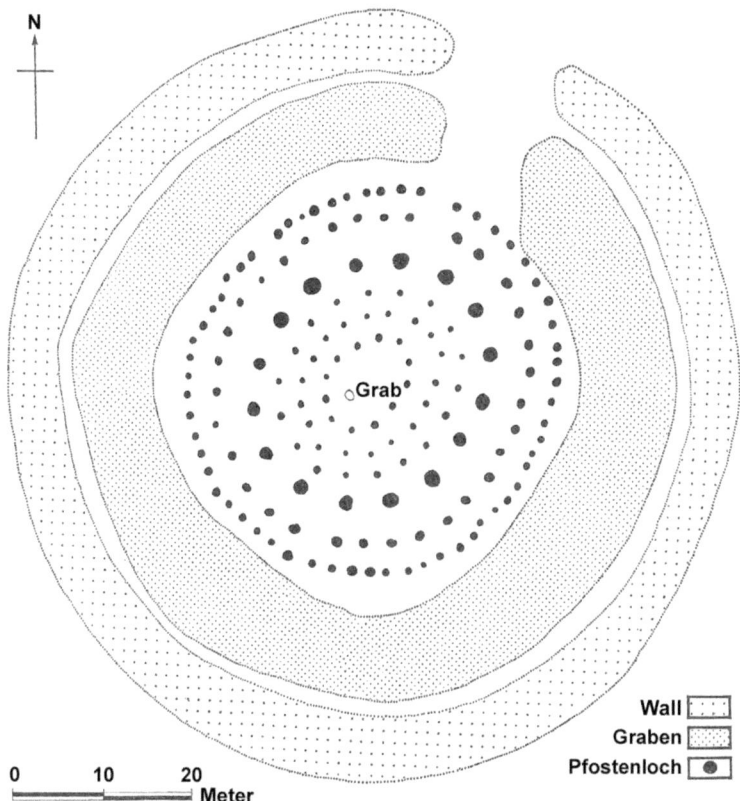

Abb. 14: *Grundriß des Heiligtums Woodhenge (Wiltshire, England), das u. a. zur Gestirnsbeobachtung diente.*

mit der Beobachtung von Gestirnen zur Kalenderberechnung und Bestimmung der Festtermine befaßt haben werden. Woodhenge datiert auf 2340 v. u. Zt., hat in einem 67 Mtr. messenden Wall insgesamt 6 elliptische Pfostenringe mit 168 Pfosten von denen nur die Bodenlöcher erhalten sind. In der Mitte wurde ein Kinderskelett gefunden. Durch die Anordnung der Pfosten sind zahllose Peilungsmöglichkeiten auf Gestirne möglich. Auch Peillinien zu Sonnenpunkten (Auf- und Untergangspunkte zu den Sonnenwenden) oder zum achtzehnjährigen Mondextrem, vielleicht auch zu einzelnen Sternbildern wie z. B. dem Siebengestirn sind hier wie in andern derartigen Heiligtümern möglich. Es muß Menschen gegeben haben, die diese Anlagen anlegten und nutzten und zweifellos waren das die Priester. Die Priester mußten die genauen Zeitpunkte der Jahresfeste und Thinge einheitlich im ganzen Lande festlegen können, damit alle Menschen zur gleichen Zeit zu diesen Veranstaltungen kommen konnten. Nachdem man bei Stonehenge einen Toten der Erbauungszeit fand, der aus Bayern stammte, ist auch eine Beteiligung der Menschen unseres Raumes am Bau der Anlage erwogen worden.

Allein die Bezeichnungen „Harugari", „Parawari" oder „Vé-goði" machen deutlich, daß Goden einem heiligen Hain vorstanden, den sie zu pflegen hatten und in dem sie die Opferfeste halten mußten. Tacitus erwähnt einen Priester als Vorsteher eines heiligen Hains in seiner Germania. Die Stelle werde ich noch im Zusammenhang mit der Godenkleidung anführen (Seite 63).
Adam von Bremen schreibt in seiner um 1070 entstandenen Hamburgischen Kirchengeschichte[42]:

»So haben sie [die Schweden] für alle ihre Götter Priester bestellt, die die Volksopfer darbringen«.

Hierzu muß man wissen, daß ein Heiligtum in der Regel einer Hauptgottheit geweiht war, daß also ein Gode so eines Heiligtums diese Gottheit besonders verehrte; andere Gottheiten wurden in so einem Heiligtum nur nebenbei mit verehrt, wie es ja noch heute in hinduistischen Tempeln ist oder auch mit den Heiligen in den katholischen Kirchen. Wenn also für eine bestimmte Gottheit ein Gode bestellt ist, dann ist dieser zugleich der Gode eines ganz bestimmten Heiligtums oder Tempels dieser Gottheit.

Was für den heiligen Hain galt, galt genauso auch für den Tempel. Die Vé-Goden (Heiligtumsgoden) waren den Hof-Goden (Tempelgoden) sehr wahrscheinlich völlig gleichgestellt, es sei denn, Tempel oder Heiligtum befanden sich direkt beim Thingplatz, dann hatte der zuständige Gode wohl einen höheren Rang, als andere Goden. In der um 1350 zusammengestellten Eyrbyggja Saga[43] heißt es:

»Snorri übernahm damals den Tempel. Daher nannte man ihn „Gode Snorri"«.

In den heiligen Hainen oder Tempeln wirkten die Goden, hielten die Opferfeste ab und erforschten den Willen der Götter. Hiermit meine ich nicht nur das Losorakel, sondern darüberhinausgehende Mitteilungen der Götter die auf andere Weise erforscht wurden. Einen Hinweis darauf finden wir in den Scholien zu Adam von Bremens Hamburgischer Kirchengeschichte[44]:

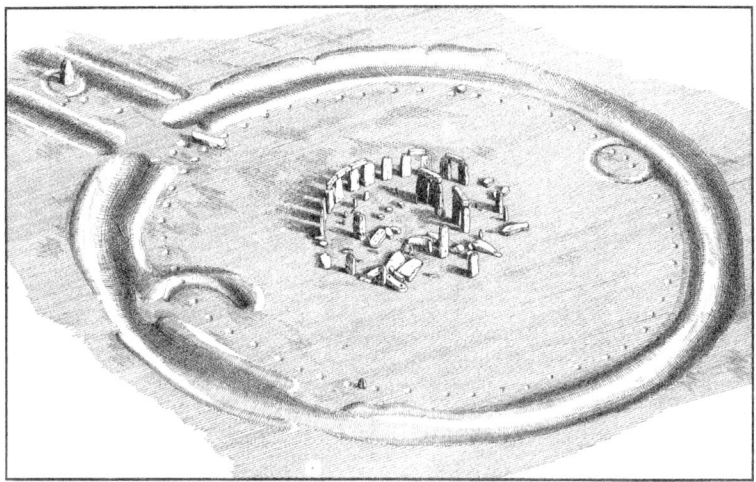

Abb. 15: Gesamtansicht des Heiligtums und Steinkreises von Stonehenge, Wiltshire, Südengland.

»*Alles, was bei den Barbaren [Schweden] verhandelt wird, entscheiden sie in Privatangelegenheiten durch das Los; in öffentlichen Dingen pflegen sie auch Orakelsprüche der Dämonen [Götter] zu erbitten*«.

Die Goden erhielten Abgaben, und wie das organisiert war, erfahren wir wiederum aus der Eyrbyggja Saga[45]:

»*Jedermann hatte an den Tempel Zoll zu zahlen und war dem Goden für alle Fahrten zur Folge verpflichtet wie noch jetzt die Thingleute ihren Häuptlingen. Der Gode aber hatte den Tempel auf eigene Kosten zu unterhalten, so daß er nicht verfiel, und er hatte in ihm die Opferfeste zu halten*«.

Hier wird auch die Verflichtung, dem Goden zum Thing zu folgen und ihn zum Beispiel bei Prozessen zu unterstützen, deutlich, die eine Art Gefolgschaftseid voraussetzt. Ein Gode war umgekehrt auch seinen Leuten

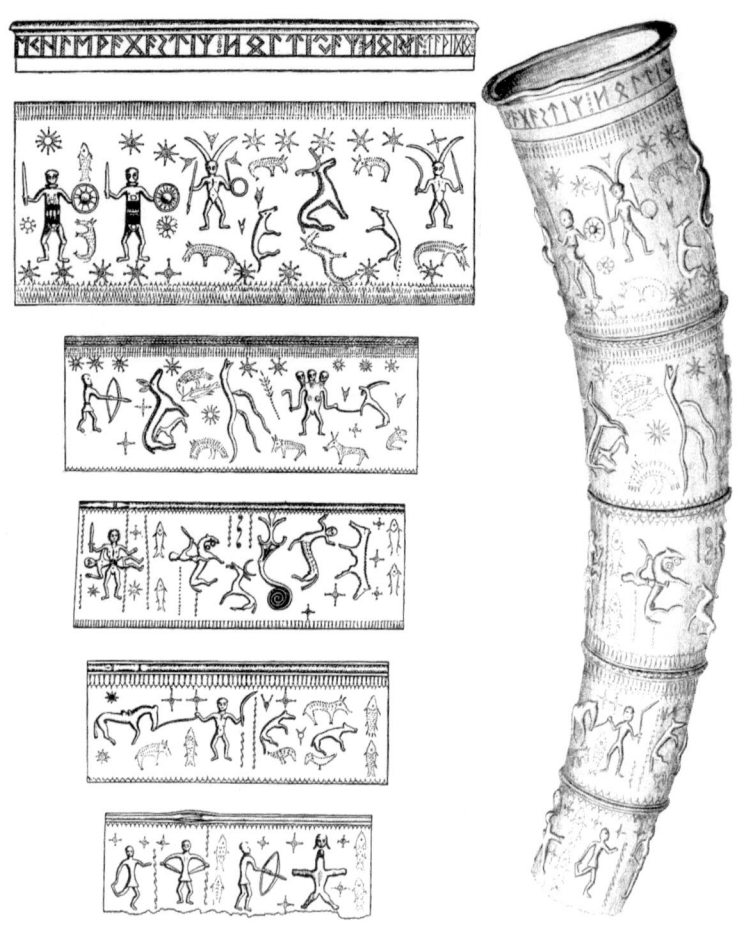

Abb. 16: Das goldene Runenhorn von Gallehus (rechts) und seine Bilder (links).

gegenüber verpflichtet, mußte sie bei Prozessen unterstützen und ihnen Beistand in den Angelegenheiten des Rechtes leisten. Der Gode kassiert Abgaben für den Tempel und verwendet diese zum Unterhalt des Tempels und wohl auch für sich selbst. Eine Trennung war da sicher weder nötig, noch möglich. Die Arbeit am Tempel bedeutete ja, daß weniger Zeit für den eigenen Hof zur Verfügung stand und der Gode somit die für seinen Lebensunterhalt notwendigen Mittel nicht ausreichend selbst erwirtschaften konnte.

Der Unterhalt eines Tempels bedeutete nicht allein das Gebäude vor dem Verfall zu bewahren, morsche Teile auszuwechseln und andere Reparaturarbeiten vorzunehmen, sondern wir wissen, daß diese Tempel oft auch sehr kunstvoll ausgestattet waren, daß dort auch bunte oder vergoldete Schnitzereien vorhanden sein konnten, ähnlich wie bei den späteren Stabkirchen. So etwas zu unterhalten war sicher nicht billig. In den Tempeln brannte ein ewiges Feuer, das mit Brennmaterial versorgt werden mußte, die heiligen Gerätschaften und Götterbilder mußten gewartet werden. Ja, auch ihre Anschaffung war sicher die Aufgabe des Goden, und wenn man sich etwa die kunstvollen goldenen Gallehushörner (Abb. 16) ansieht, kann man ermessen, welchen Wert solche Kultgegenstände repräsentieren konnten.

Auch in der um 1230 aufgezeichneten, aber um 960 spielenden Egils Saga Skallagrímssonar[46] werden die Tempelabgaben (hoftollr) erwähnt:

»Odd war damals Häuptling im Borgarfjord südlich der Hvitá. Er war Tempelgode und sorgte für das Heiligtum, daß alle Männer innerhalb der Skardsheide ihre Tempelabgaben entrichteten«.

Tacitus schreibt in der nach 98 u. Zt. entstandenen Germania[47], daß die Priester auch Runen und Vorzeichen deuteten, und fährt dann fort:

»Auf Kosten der Allgemeinheit hält man in den erwähnten Hainen und Lichtungen Schimmel, die durch keinerlei Dienst für Sterbliche entweiht sind. Man spannt sie vor den heiligen Wagen; der Priester und der König oder das Oberhaupt des Stammes gehen neben ihnen und beobachten ihr Wiehern und Schnauben. Und keinem Zeichen schenkt man mehr Glauben, nicht etwa nur beim Volke; auch bei den Vornehmen, bei den Priestern; sich selbst halten sie nämlich nur für Diener der Götter, die Pferde hingegen für deren Vertraute«.

Bei den Wenden, den ostgermanischen Wandalen, die im Gebiet zwischen Elbe und Weichsel geblieben und wieder heidnisch geworden waren, werden gleichfalls vom Priester durchgeführte Pferdeorakel erwähnt[48] (siehe Abb. 17), und der der isländische Freysgode Hrafnkel hielt sich nach der von ihm handelnden Hrafnkels Saga Freysgoda aus der 2. Hälfte des 13. Jh. ein heiliges Roß[49]:

Abb. 17: Der wendisch-wandalische Gode beim Pferdeorakel nach der Beschreibung des Chronisten Thietmar von Merseburg.

»Sobald aber Hrafnkel in Adelfarm sich festgesetzt hatte, da fing er mächtig an zu opfern. Er ließ einen großen Tempel bauen. Keinen Gott liebte er mehr als Freyr, und ihm schenkte er von allen seinen besten Besitzstücken die Hälfte. Hrafnkel nahm das ganze Tal in Besitz und schenkte neuen Ansiedlern Ländereien, aber er wollte ihr Häuptling sein und machte sich zu ihrem Goden. Daher bekam er einen Beinamen und hieß Frey-Gode oder Freys-Priester (...) Hrafnkel hatte unter seinem Vieh ein kostbares Tier, das war ihm mehr wert als andere Wertstücke: Es war ein Hengst, mausgrau von Farbe, mit einem schwarzen Streifen auf dem Rücken. Er nannte ihn seinen Freyfaxi [Freysmähne], denn er hatte auch von diesem Hengste seinem Freunde Freyr die Hälfte geschenkt. Zu dem Pferde hatte er eine solche Liebe, daß er einen Eid schwor, wer ihn ritte ohne seinen Willen, den wolle er totschlagen«.

Und spirituelle Kenntnisse scheinen vonnöten gewesen zu sein, die der Priester hatte, um das Erscheinen der Göttin Nerthus (Njörunn) zu erkennen, was dem Priester oblag. Tacitus schreibt[50]:

»Es gibt auf einer Insel des Weltmeeres einen heiligen Hain, und dort steht ein geweihter Wagen, mit Tüchern bedeckt; einzig der Priester darf ihn berühren. Er bemerkt das Eintreffen der Göttin im Allerheiligsten; er geleitet sie in tiefer Ehrfurcht, wenn sie auf ihrem mit Kühen bespannten Wagen dahinfährt (...) bis die Göttin, des Umgangs mit Menschen müde, vom gleichen Priester ihrem Heiligtum zurückgegeben wird«.

Daß nur der Priester den Wagen berühren darf, ist ein Hinweis auf das Vorhandensein bestmmter Reinheitsvorschriften. Woran der Gode aber das Eintreffen der Göttin erkennt (z. B. Vorzeichen), wird nicht gesagt.

Ich vermute, daß die Goden auch ihre Thingleute im heidnischen Glauben unterrichteten und auch Anwärter auf das Godenamt ausbildeten. So erklärt sich auch die Bedeutungswandlung von „Gode" („Priester") zu „Gotte" („Pate") in der Schweiz. Dazu komme ich im nächsten Kapitel.

Zu den Aufgaben der Goden gehörte natürlich auch die Mitwirkung oder Leitung eines Things, einer Volksversammlung, auf der auch Gericht gehalten wurde. Drei Goden waren bei einem einfachen Thing tätig, dazu komme ich später. Die Leitung des Rechtsganges setzt aber umfangreiche Kenntnisse der bestehenden Gesetze voraus, die ja in heidnischer Zeit nicht aufgeschrieben waren, sondern von den Goden auswendig aufgesagt werden konnten. Wir wissen, daß beim isländischen Allthing (althingi) 36 Goden anwesend waren; es gab in der alten Zeit 39 Goden, die drei zusätzlichen Goden des Nordviertels hatten kein Stimmrecht auf dem Allthing. Es war Verpflichtung jedes Goden, einmal im Jahre zum Allthing zu reisen und dort an der Beratung für neue Gesetze usw. mitzuwirken.

Nach Tacitus[51] boten die Priester das Schweigen beim Thing und hatten das Strafrecht:

»Sobald es der Menge beliebt, nimmt man Platz, und zwar in Waffen. Ruhe gebieten die Priester; sie haben jetzt auch das Recht zu strafen«.
»Übrigens ist es nur Priestern erlaubt, jemanden hinzurichten, zu fesseln oder auch nur zu schlagen, und sie handeln nicht, um zu strafen oder auf Befehl des Heerführers, sondern gewissermaßen auf Geheiß der Gottheit, die, wie man glaubt, den Kämpfenden zur Seite steht«.

Diese Stelle belegt, daß die Goden in einer besonderen Art und Weise mit der Gottheit in Verbindung stehen und auf ihre Weisung hin handeln. Das setzt voraus, daß die Goden die Weisungen der Götter zunächsteinmal in Erfahrung bringen und verstehen können und ist ein klares Indiz gegen die Auffassung, daß die Priester nur weltlicheKultleiter gewesen sind.

Der bekannte Altgermanist, Philologe und Religionswissenschaftler Jan de Vries (1890-1964) schreibt dazu[52]:

»Die Dingversammlung hat ihre eigne Heiligkeit (thinghelgi), wie wir später noch ausführen werden. Deshalb gibt auch der Priester ihr die Weihe und werden die dort auferlegten Strafen von ihm vollzogen (...) Die enge Verflechtung der sakralen und rechtlichen Funktion des Priesters zeigt sich besonders deutlich in der Entwicklung des isländischen Godentums. Das rein priesterliche Amt des goði, wie es schon dem Namen nach von Anfang an war, ist später immer mehr rein weltlicher Art geworden und jedenfalls war die politische und soziale Bedeutung des goði am Ende der heidnischen Zeit auf Island so kräftig entwickelt, daß das Amt auch nach der Bekehrung seine volle öffentliche Gültigkeit behalten hat«.

In der aus dem 13. Jh. stammenden Hardar Saga Grímkelssonar[53] ist es der Gode Grimkel selbst, der zu seinen Thingleuten reitet und diese zum Thing entbietet:

»Die Ziehtage über ritt der Gode Grimkel über Matternhof nach Ölfus (...) Er berief alle Bauern, die er unterwegs antraf auf den dritten Tag zu einer Zusammenkunft nach Mittelberg; denn er war über alle diese Bezirke Gode. Nach Mittelberg kamen sechzig von seinen Thingleuten«.

In christlicher Zeit wurde ein Gode auf Island „Lög-goði" genannt, das bedeutet „Gode im Sinne des Gesetzes". Die Lög-Goden hatten aber keine priesterlichen Funktionen mehr. Dese Form des Godentums soll aber bereits vor dem Glaubenswechsel eingerichtet worden sein, als man zusätzliche Goden ernannte und dazu rein nominelle Goden ohne Godord (Godenbezirk), Tempel oder priesterliche Funktionen nahm.

Ähnlich wie Jan de Vries äußert sich der Forscher R. L. M. Derolez[54]:

»Der Godi oder Hofgodi (altnordisch gothi, hofgothi, Mehrzahl gothar) hatte sowohl eine religiöse wie eine (stets nach unseren Auffassungen) weltliche Befugnis. Er führte den Vorsitz in den Volksversammlungen, kannte die Gesetze und urteilte in schwieri-

gen Rechtsfällen. Auf Island (und auch wohl anderswo) war sein Amt erblich und verlieh ihm eine sehr wichtige Machtstellung. Die Godar waren die wirklichen Führer, auch im politischen Leben. In den Sagas erhalten wir sogar den Eindruck, als habe sich der Schwerpunkt ihrer Befugnisse auf Gebiete außerhalb der Religion verlegt, doch kann dies eine Folge des späten Datums dieser Texte oder einer spezifisch isländischen Entwicklung sein (...) Einige Priesterinnen standen in sehr hohem Ansehen, wie z. B. Albruna, oder Veleda, die eine große Rolle spielte beim Aufstand des Julius Civilis. Ihre Person war so heilig, daß sie nicht unmittelbar zum Volke sprach: die Antworten auf die ihr gestellten Fragen wurden von Zwischenpersonen übermittelt. Es gibt viele Beispiele von der Würde solcher Priesterinnen«.

Abb. 18: Rekonstruktion einer germanischen Chrotta (Cithara, Lyraharfe).

Zu den Opferfesten gehörten sicher auch Lieder und Tänze. Die aus dem 14. Jh. stammende Bósa Saga og Herrauðs berichtet von Harfenspiel und Tanz zwischen den kultischen Umtrünken[55]. Einen Ringtanz am Abend erwähnt auch die um 1300 verfaßte Sturlunga Saga[56], und dazu paßt die Erwähnung eines „leikgoði" in den Landnámabók Kap. 232 und der zwischen 1260 und 80 entstandenen Vatnsdoela Saga Kap. 47. „leik" ist das althochdeutsche „leih" („Lied, Rhythmus"), altenglisch „lacan", got. „lai-

49

kan" mit der Bedeutung „Tanzen, Springen". Da altenglisch „lac" auch „Opfer" bedeutet, ist also der Tanz beim Opferfest gemeint, den anzuleiten dem Goden oblag.

Bei Jordanis werden Priester mit Cither (Cithara), einem lyraartigen Instrument erwähnt, die damit spielten und die Götter anriefen (siehe das Zitat auf Seite 33f). Derartige Instrumente, auch Chrotta genannt, wurden häufig bildlich dargestellt. Die Abb. 18 zeigt eine eigene Rekonstruktion nach den Funden des alemannischen Sängergrabes von Oberflacht, südliches Württemberg, 6. oder 7. Jh. (heute im Berliner Museum für Vor- und Frühgeschichte).

Zusammenfassend hatten die Goden also die folgenden Aufgaben:

- Bestimmung der Zeitpunkte der Feste, Kalenderberechnungen;
- Leitung der Opferfeste im Tempel oder Heiligtum;
- Veranstaltung von kultischen Umzügen usw.;
- Verkündung des Willens der Götter, Orakel;
- Heiligung und Leitung der Thinge;
- Mitwirkung an der Gesetzgebung auf dem Allthing;
- Unterrichtung und Aufnahme von Thingleuten;
- Einnahme des Tempelzolls bzw. der Thingabgabe.

4.
Einsetzung der Goden

Das Amt des Priesters war hochgeachtet; ein Grund dafür war, daß sie gut ausgebildet waren, ein anderer Grund war, daß sie aus dem Stand der Adeligen sein mußten, wie uns Jordanis in seiner um 551 geschriebenen Gotengeschichte[57] überliefert:

»Auch hatten sie reichlich Lehrer der Weisheit. Daher waren die Goten stets gebildeter als fast alle anderen Barbaren und kamen nahezu den Griechen gleich, wie Dio berichtet, der die Geschichten und Jahrbücher derselben in griechischer Sprache verfaßt hat. Er sagt, daß diejenigen, welche unter ihnen durch edle Geburt hervorragten und aus welchen sowohl die Könige als auch die Priester entnommen wurden, zuerst Tarabosten, dann Pilleaten geheißen hätten«.

Ob die Bedingung, daß Priester dem Adelsstand angehören mußten, auch in den anderen germanischen Regionen galt, ist unklar, aber es ist anzunehmen, da die Priester sehr hoch geachtet waren und man bei den Germanen sehr auf edle Abstammung achtete. Adel bedeutet hier aber im wahrsten Sinne edle Vorfahren, darunter sogar Gottheiten, nicht bloße nominelle Zugehörigkeit zu einer Kaste. Die im Zitat erwähnten Lehrer der Weisheit deuten auf regelrechte Schulen hin, wo diese Weisheit gelehrt wurde.

Der Volkskundler und Indogermanist Elard Hugo Meyer (1837-1908) schrieb[58]:

»Aus dem von den Göttern abstammenden Uradel wurde der Priester gewählt«.

Die Godenwürde war auf Island auch erblich, d. h. der Sohn wurde nach dem Tode des Vaters der Gode im Godord (Godengebiet) des Vaters. Das bedeutet aber nicht, daß der Sohn das Amt unausgebildet hätte übernehmen können. Wenn der Vater Gode war, dann konnte er seinen Sohn entsprechend der Hauptgottheit des Vaters weihen und ihn dann zum Goden ausbilden lassen oder selbst ausbilden. Einen derartigen Fall erwähnt die Eyrbyggja Saga[59]:

*»Thórólf und Unn hatten einen Sohn namens Stein. Diesen Knaben weihte Thórólf seinem Freunde Thórr und nannte ihn nach dem Gotte Thórstein (...)
In dem Sommer, als Thórstein fünfundzwanzig Jahre alt war, gebar Thóra einen Knaben, den man Grím nannte, als man ihn mit Wasser besprengte. Diesen Knaben weihte Thórstein dem Thórr und bestimmte ihn zum Tempelgoden. Er nannte ihn nach dem Gotte Thórgrim«.*

Wir haben hier eine regelrechte Godensippe, die in besonderer Verbindung zum Gott Thórr stand. Deswegen trugen alle Mitglieder der Sippe, auf die die Godenwürde übergeht, den Namen des Gottes im ersten Teil ihres Namens: Thórólf Mosterbart, Thórstein Dorschbeißer, Thórgrim Thórsteinsson und Thórgrim Thórgrimssohn. Gode Snorri ist Urenkel und war Gode des Thórsheiligtums Helgafell.

Ich hatte ja bereits aufgezeigt, welche Aufgaben und Fähigkeiten die Goden haben mußten; diese Fähigkeiten konnten nur in regelrechten Schulungen erworben werden. Auch in der nach 1220 von Snorri Sturluson aufgeschriebenen Ynglinga Saga wird erzählt, daß Óðinn den zwölf Opfergoden die „Vielkenntnis" also Zauberkunde lehrte; der Begriff „Vielkenntnis" („fiölkunnigr") kann dabei allerdings durchaus mehr bedeuten, als nur Zauberkunde, zumal in der Saga zwischen „Vielkenntnis" und „Seidr" unterschieden wird und die „Vielkenntnis" im Zusammenhang mit Weisheit erwähnt wird, während „Seidr" negativ erscheint[60]:

»Die meisten seiner Künste aber lehrte er den Opfergoden, und sie kamen ihm in Weisheit und Vielkenntnis am nächsten«.

Zwar bezieht sich diese Schilderung von Snorri auf Gottheiten, aber die Vorstellung Snorris, daß Goden mehr Wissen haben, als andere Menschen und ihnen dieses Wissen von einem Lehrer oder Gott beigebracht wurde, können wir diesem Text auch entnehmen.

Auch die Herausbildung der verkürzten Runenreihe in ganz Skandinavien in der Zeit zwischen 650 und 800 setzt voraus, daß es irgendeine Institution oder doch einen Austausch zwischen den Wissenden gegeben haben muß, denn anders ist die Einheitlichkeit dieser neuen Runenreihe nicht zu erklären. Es muß also so etwas wie Godenschulen gegeben haben.

In der Vergangenheit wurde eine dieser Schulen in Westphalen lokalisiert, und zwar 6 km von der Kultstätte der Externsteine im Osning (Teutoburger Wald) entfernt. Ein Teil der Kultstätte der Externsteine ist der sog. „Sargstein" in dem wahrscheinlich Initiationen vorgenommen wurden (siehe Abb. 19). In einer bogenförmigen Nische im Felsen ist die Form eines Menschen in den Stein geschlagen, in der Weise, daß sich ein Mensch dort in diesen „Felsensarg" hineinlegen kann.

Abb. 19: Der Sargstein bei den Externsteinen im Osning (Teutoburger Wald).

Wenn es hier an den Externsteinen also Einweihungen gegeben hat, dann muß eine Godenschule in der Nähe gelegen haben. Der Laienforscher Wilhelm Teut zusammen mit anderen, interessierten Personen (Oberstleutnant a. D. Platz, Werner Diestersieck u. a.) wollte im Gutshof Gierke Österholz genau diese Schule gefunden haben. Der Hof wird heute „Sternenhof" genannt, er verfügt über eine auffällige, nicht rechtwinklige Umwallung. Teut sah in der ursprünglichen Anlage den Sitz einer „germanischen Gelehrtenschule der Himmelskunde", deren einzelne Umwallungslinien nach Gestirnen ausgerichtet sind, die in der germanischen Mythologie von Bedeutung waren, sowie auf das südliche und nördliche Mondextrem.

Bestärkt wurde Teudt durch angestellte Berechnungen des Astronomischen Recheninstituts der Universität Berlin, unterzeichnet von Prof. Dr. P. Neugebaur und Prof. Dr. Johannes Riem. Das Ergebnis seiner Forschungsarbeit faßte Teudt in seinem erstmalig 1929 erschienenen Buche „Germanische Heiligtümer" zusammen[61]. Zwar relativierten spätere Untersuchungen (von Prof. Hopmann, Leipzig und Prof. Reinerth) die Aussagen Teuts, aber vollständig wurde ihnen nicht widersprochen.

Der Ort Österholz ist nach der Göttin der Morgenröte, Ostara (Eostar) benannt, und liegt an einem alten Kreuzweg, so daß dieser Ort auch selbst als Kultstätte angesprochen werden kann.

Wennzwar die Frage des „Sternenhofes" als Godenschule recht unsicher ist, so haben wir doch aus dem Norden ein deutlicheres Zeichen, nämlich die Pfarrei von Oddi in Südwest-Island (Abb. 20).

Hier wirkte einst Sæmundr der Weise (1056-1133), der nach einer Sage der Sammler der Eddalieder gewesen sein soll. Er selbst war in christlicher Zeit Gode (d. h. weltlicher Anführer) und seine beiden Schwestern, Halla und Flinn, waren Zauberinnen. Zwar war Sæmundr offiziell Christ und reiste sogar bis nach Rom, aber innerlich war er mutmaßlich Heide. Er gab seinem Sohn jedenfalls den heidnischen Vornamen „Loptr", das ist ein Beiname des Gottes der List, Loki, und ungewöhnlich für einen Christen. Und listig war Sæmundur, der die Sorge hatte, seine alte Godenschule in die christliche Zeit hinüberzuretten. Er machte daraus wohl eine Skálden- und Rechtsschule, indem er die kultischen Lehren der Godenschule strich und nur die Gesetzeskunde und Dichtkunst weiter lehrte. Die Godenschule Oddi wurde zur christlichen Pfarrei, behielt aber 200 Jahre lang ihre Sonderrechte (eigene Zehenterhebung) bei. Sein anderer Sohn, Eyjólfr betrieb nach Sæmundur diese Schule, die noch zur Zeit von Saemunds Enkel Jón Loptsson (gest. 1197) bestand.

Wir können mit Sicherheit sagen, daß Oddi (zu „óðr", „Dichtkunst") eine Schule gewesen ist – deswegen besuchte auch Snorri Sturluson sie und fand hier auch Unterlagen, die er für seine „Snorra-Edda" (die sog. Jüngere Edda) verwendete. Aber ob diese Schule schon in heidnischer Zeit bestand, ist dennoch nicht erwiesen. Nur die Sagen geben uns Hinweise, diese Sagen aber wurden meist erst im 17. Jh. aufgeschrieben. In den Sagen aber wird die Schule an einen fernen, unbekannten Ort verschoben, doch auffällig ist, daß nur Isländer als Schüler genannt werden, neben Sæmundur noch Kalfr Arneson und Halfdan Einarsson. Es gibt zahllose Sagen über Sæmundur, wie dieser den Teufel überlistet oder zaubert. Diese Sagen entstanden aus dem Wissen heraus, daß Sæmundur in der einstigen Godenschule Oddi wirkte, und nachdem für die Christen heidnische Gottheiten zu Teufeln wurden, war nun auch der Teufel der Schulmeister der „Schwarzen Schule"[62]:

Abb. 20: Die Kirche von Oddi, Südwest-Island, im Jahre 1988 (eigenes Photo).

»Die Schwarze Schule. In alten Tagen war irgendwo draußen in der Welt eine Schule, die „die Schwarze Schule" hieß. Dort lernte man Zauberkünste und andere alte Weisheit. Die Schule war so eingerichtet, daß sie in einem sehr festen Erdhaus abgehalten wurde, in dem kein Fenster war, und aus diesem Grunde herrschte das tiefste Dunkel darin. Es war kein Lehrer dort, und man lernte alles aus Büchern, die mit feuerroten Buchstaben geschrieben waren, welche im Dunkeln gelesen werden konnten. Nie durften diejenigen, die dort in der Lehre waren, ins Freie gehen oder das Licht des Tages schauen, solange sie sich dort aufhielten; aber drei oder sieben Winter mußten sie in der Schule bleiben, um in ihrer Kunst ausgelernt zu haben. Eine graue und zottige Hand erschien jeden Tag durch die Wand und reichte den Schülern ihr Essen. Derjenige aber, dem die Schule gehörte, behielt sich als Eigentum denjenigen von den Schülern, welche

die Schule jedes Jahr verließen, der zuletzt hinausging. Da sie nun aber alle wußten, daß der Teufel hier Schulmeister war, wollte jeder, soweit es in seiner Macht stand, vermeiden, der Letzte zu sein, der die Schule verließ«.

Die Lehrzeit beträgt hier drei oder sieben Jahre. Wir wissen, daß die Bewährungszeit der jungen Vikingerkrieger drei Jahre betrug, auch die einfache Ächtung (Landesverweis) eines Verbrechers betrug drei Jahre. Somit scheinen die drei Jahre der Lehrzeit der Goden zu entsprechen und um die Sagen interessanter zu machen, hat ein Sagenerzähler die mythische Siebenzahl (sieben Winter = sieben Jahre) eingeführt.

Genau die mythische Sieben in der Dreiheit wurde nun auch für die Lehrzeit der Hexen angenommen. So heißt es im deutschen Volksglauben, daß Hexen ihr Handwerk durch dreimal sieben Jahre erlernen müssen, mithin also 21 Jahre ausgebildet werden, bis sie das Teufelsmal aufgebrannt und Zaubervollmacht erhalten[63].

Und Caesar schreibt über die keltischen Priester, die Druiden[64]:

»Die Druiden nehmen in der Regel nicht am Kriege teil und zahlen auch nicht wie die übrigen Steuern. Sie leisten keinen Kriegsdienst und sind auf jedem Gebiet von der Abgabenpflicht ausgenommen. Diese großen Vergünstigungen veranlassen viele, sich aus freien Stücken in ihre Lehre einweihen zu lassen, oder ihre Eltern und Verwandten schicken sie zu den Druiden. Wie es heißt, lernen sie dort eine große Zahl von Versen auswendig. Daher bleiben einige 20 Jahre lang im Unterricht. (...) Der Kernpunkt ihrer Lehre ist, daß die Seele nach dem Tode nicht untergehe, sondern von einem Körper in den anderen wandere (...) Sie stellen außerdem häufig Erörterungen an über die Gestirne und ihre Bahn, über die Größe der Welt und des Erdkreises, über die Natur der Dinge, über die Macht und Gewalt der unsterblichen Götter und vermitteln dies alles der Jugend«.

Zugegeben, Goden sind weder Hexen, noch Druiden, dennoch mußten die Goden über ein Wissen verfügen, welches man nur in einer Schule (oder vom eigenen Vater, falls dieser Gode war) erlernen konnte.

Wenn die Lehrzeit beendet war, fand eine kultische Initiation statt. Darüber haben wir so gut wie keine Quellen, sondern nur Indizien. Wie bei allen Initiationen mußte der Einzuweihende symbolisch den Tod durchschreiten, um dann als neuer Mensch, also als Gode, neugeboren zu werden. Im katholischen Priesterweihe-Ritus hat sich die Zeremonie erhalten, wonach der Anwärter sich lang auf den Boden vor dem Altar legen muß (Proscernatio). Dieses Ritual ist nicht biblisch, sondern aus heidnischen Vorstellungen der Römer und Germanen genommen worden. Auch ein Eid ist dabei üblich.

An den schon erwähnten Externsteinen im Teutoburger Wald findet sich nun der sog. „Sargstein", eine menschenförmige Aushöhlung in einer Nische (siehe Abb 19). Der Felsen darüber weist einen Stehplatz auf, zu dem zwei Treppchen führen und der in Richtung Norden weist, also in die alte Gebetsrichtung für Götteranrufungen (siehe die Rekonstruktion, Abb. 21). Zwei gekreuzte L-Runen deute ich als Runen einer erneuten Taufe des Anwärters.

Abb. 21: Rekonstruktion der Treppen am Sargstein der Externsteine.

Der Kandidat muß sich also in die Aushöhlung im Sargstein legen und ist somit symbolisch gestorben. Über ihm auf dem Platz am Ende der Treppen oberhalb des Sargsteines steht der Leiter der Initiation – wohl ein Stammespiester – und ruft die Gottheit des Kandidaten herbei, damit diese ihn nun mit ihrer Kraft durchdringt und erfüllt, dann erst darf der Kandidat sich als neugeborener Gode erheben, er wird mit Wasser (L-Rune) geweiht und bekommt seinen neuen Kultnamen.

Die Sagen der Externsteine erzählen vom „Teufel" der sich dort im Sargstein niederlegte und an der Wand seine Kralle in den Fels drückte, und eine andere Sage erwähnt den „Heiland", der sich aus diesem Sargstein erhob[65]. Der „Teufel" ist dabei der alte Mensch, der sterben soll, der „Heiland" ist der neue Mensch, der nun ein Gode wird.

Da sich alle Initiationen, nicht nur die der Goden und der katholischen Priester, in den Grundzügen ähneln, sei hier auch auf die Einweihung der Freimaurer eingegangen. Die Freimaurer waren ja einst aus den Bauhütten des Mittelalters hervorgegangen, in denen noch heidnisches Wissen bewahrt und derartige Zeremonien ausgeführt wurden. Erst später wurden die Freimaurer zu den umstrittenen politischen Zirkeln und Interessenverbänden, die sie bis heute teilweise sind.

Bei der Meisterweihe der Freimaurer wird der aufzunehmende Geselle vor einen Sarg oder die Nachahmung eines Grabes gestellt und es wird ihm die Geschichte vom Baumeister Hiram-Abi und König Salomon erzählt, die in der Bibel steht[66]. Der Geselle erhält dann einen Schlag vor die Stirn, fällt in den Sarg oder auf das Grab und bleibt dort liegen, bis er nach einiger Zeit aufgehoben und unter entsprechenden Worten in den Meistergrad aufgenommen wird. Die scheinbare Tötung des Kandidaten besagt, daß der alte Mensch sterben soll, als neuer Mensch wird er dann wiedererweckt. Diese Zeremonie ist auch in altägyptischen Priesterschulen nachgewiesen. Bei der „Firmung" im katholischen Ritus bekommen die Firmlinge vom Bischof eine Backpfeife, genau wie der Ritter vor seinem Ritterschlag geohrfeigt wird. Damit ist das symbolische Töten des alten Menschen gemeint.

Man kann mit Sicherheit sagen, daß die katholische Priesterweihe aus dem Heidentum übernommen wurde. Deswegen will ich sie hier kurz beschreiben[67]. Die katholische Kirche kennt für jeden einzelnen Weihegrad eine Zeremonie, also für Diakon, Subdiakon, Akolyth, Priester oder Bischof. Der Bischof wird von drei Bischöfen geweiht oder einem Bischof und zwei Priestern, der Priester wird auch immer von einem Bischof und zwei Priestern geweiht. Voraussetzung ist, daß die jeweils niederen Grade schon erreicht sind und mindestens 3 Monate zwischen den Graden liegen. Auch ist ein bestimmtes Alter für die einzelnen Grade Bedingung.

Die Weihezeremonie findet am Vorabend eines der vier Quartämberfeste statt, drei davon entsprechen ursprünglich den drei heidnischen Thingen, nur zur Wintersonnenwende war kein Thing, aber zu Weihnachten finden auch Priesterweihen statt. Die Weihe findet in der Kathedrale statt, also einer Hauptkirche, wie auch die Godenweihe im Haupttheiligtum – z. B. dem der Externsteine – stattfand. In der Woche der Weihezeremonie wird der Anwärter geprüft und befragt, ob er einen entsprechenden Lebenswandel geführt habe. Der Tag vor der Weihe ist für ihn und die Weihenden Fasttag. Noch heute wird auch das Volk an der Wahl des Kandidaten beteiligt, denn nach Ablegung des Examens wird der Kandidat dem Volke vorgestellt und es wird gefragt, ob jemand Einwände gegen die Wahl habe. Dann wird der Kandidat zum Weihenden geführt, der ihn befragt und über die Pflichten des geistigen Standes belehrt. Die ganze Weihezeremonie findet während der Messe statt. Nach dem Vortrage des Evangeliums schwört der Kandidat dem Bischof den Treueeid (Gefolgschaftseid). Dazu legt er – nach germanischem Recht – seine Hände in die des Bischofs. Dies ist schon im Sachsenspiegel, der zwischen 1220 und 1230 entstand, bezeugt. Die Abb. 22 zeigt eine Seite aus dem Lehnsrecht des Sachsenspiegels und man sieht dargestellt, wie die jeweiligen Lehnsnehmer dem Könige oder Herrn ihre Hände in seine legen und den Lehnseid leisten (Abb 22).

Der Bischof fordert nun alle Anwesenden auf, für den Kandidaten zu beten. Dann muß sich der Priesterkandidat vor dem Altar niederwerfen (Proscernatio) und dort auf dem Bauch liegenbleiben. Ein Schlag zuvor ist nicht üblich. Diese Zeremonie wird heute als Verehrung des Bischofs und des Altars gedeutet, ist aber die ursprüngliche, symbolische Todesphase. Nun folgt die Allerheiligenlitanei, denn alle Heiligen sollen den neuen Priester anerkennen. Nach dieser Litanei steht der Kandidat auf und nach einem Gebet des Bischofs wird er von diesem geweiht, indem der Bischof dem Knieenden die rechte oder – je nach Weihegrad – beide Hände auf die Stirn auflegt, um über ihn den „Heiligen Geist" heraufzubeschwören. Ursprünglich ging es darum, daß der Bischof seine eigene magische Kraft (Orenda), die er selbst ja auch einst bei seiner eigenen Weihe erhalten hatte, überträgt. Die katholische Kirche beruft sich dabei auf eine ununterbrochene Weihekette von Petrus angefangen über die Päpste und Bischöfe bis zu jedem einzelnen Priester. Diese Weihe ist der Kern der Priesterweihe, der Hauptbestandteil der ganzen Zeremonie. Es folgt das Weihegebet des Bischofs, wobei alle anwesenden Priester ihre rechte Hand (zur Orendaabgabe) über den Knieenden halten. Der Bischof segnet den Anwärter mit dem Kreuzzeichen. Das Weihegebet lautet bei der Weihe zum

Abb. 22: Ausschnitt einer Seite aus dem Rechtsbuch des Sachsenspiegels um 1220, wo die Leistung des Lehnseides dargestellt ist.

Subdiakon: „Gott möge den Weihekandidaten segnen". Bei den Weihen von Priestern und Bischöfen ist es länger, es gibt auch mehrere Weihegebete. Nach der Weihe mit dem Weihegebet wird dem Anwärter das Haupt gesalbt. Ursprünglich war das vielleicht die Weihe mit Osterwasser, die in der Edda, Hávamál 158, bei der Weihe zum Krieger erwähnt wird. Der neugeborene Mensch soll für sein neues Dasein mit dem Lebenswasser genetzt oder getauft werden. Heute wird die Salbung des Hauptes auch auf das Ende des Rituals verschoben. Nun werden dem Anwärter die Gewänder des Priesters angelegt, er erhält die weiteren Attribute seines Priestergrades: Stolagürtel, Ring, Kette, Stab, Mitra-Hut, Evangelienbuch. Eine Stola ist auch auf der Steinsäule von Württemberg bei dem germanischen Priester zu sehen (siehe Abb. 37 Seite 108). Danach werden dem Kandidaten die Hände gesalbt, ursprünglich gewaschen, damit er mit reinen Händen an den Altar treten kann um die Messe mitzufeiern. der neue Priester erhält als Zeichen der Aufnahme vom Bischof den Bruderkuß. Er zelebriert die Messe mit und spricht das Glaubensbekenntnis, später zieht er in seine Titelkirche, d. i. diejenige Kirche, wo er der neue Hauptpriester wird.

Beim Weiher bedankt sich der Geweihte indem er ihm zwei Brote, zwei Kerzen und Wein schenkt. Damit soll sich der Weiher wieder von seiner Kraftabgabe stärken.

Den niederen Weihen geht eine Tonsur voraus, d. h. dem Anwärter werden die Haare in der Mitte kreisrund abgeschnitten. Im Heidentum ist das Schneiden Haare bei Initiationen in den Kriegerbund bezeugt.

Wenn wir nun dieses Wissen über die Einweihungen im Gedächtnis haben, verstehen wir eine Quelle in Tacitus' Germania besser. Die Stelle enthält einen Hinweis auf die Initiation der Goden[68]:

»Zu einer bestimmten Zeit kommen Abgesandte aller Völkerschaften desselben Blutes in einem Walde zusammen, der durch Ehrfurcht von altersher heilig ist und dadurch, daß dort schon von den Vätern weissagende Gebräuche und gottesdienstliche Handlungen vorgenommen wurden. Dort bringen sie, indem in aller Gegenwart ein Mann niederfällt, den schaurigen ersten Ursprung der rauhen und fremdartigen Weihehandlung zur feierlichen Darstellung. Auch eine andere Ehrerbietung wird dem Haine erwiesen: Niemand hat Zutritt, der nicht gefesselt ist, dadurch wie ein Geringer auch die Macht der Gottheit über sich stellend. Wenn er nun von ungefähr niedergestürzt ist, ist es nicht erlaubt, daß er aufgehoben wird oder sich selbst erhebt: Auf dem Erdboden werden sie hinweggewälzt. Und darauf zielt der ganze heilige Brauch, zum Ausdruck zu bringen,

als wie wenn von dort her das Volk seinen ersten Ursprung genommen habe, als wie wenn dort der oberste der Götter, das Übrige aber unterworfen und abhängig sei«.

Die Übersetzung ist korrigiert, üblicherweise wird das „Niederfallen" mit „Niederstrecken" oder „Niederfällen" (Töten) im Sinne eines Menschenopfers übersetzt. Aber Tacitus kannte Menschenopfer aus Rom, wo ja Menschen öffentlich in der Arena den Löwen vorgeworfen wurden. Ein einfaches Niederstrecken wäre für ihn sicher kein „schauriges" oder „fremdartiges" Ereignis. Vor allem wird im Text ja unten vom „Hinfallen" geredet, so daß das „Niederfallen" eben nicht mit „Niederstrecken" übersetzt werden darf. Leider ist das Lateinische hier etwas doppeldeutig.

Es handelt sich um ein Hauptheiligtum, und hier fanden die Initiationen von Goden statt. Dabei mußten diese – wie oben beschrieben am Beispiel des katholischen Ritus – auf dem Boden niederfallen.

Auch die Bedingung, daß die Kandidaten gefesselt sein müßten, ist verschieden deutbar. Es kann genausogut mit „mit einem Band versehen" übersetzt werden. Da aber auch in der Edda, im Eddalied Helgaqviða Hundingsbana önnur Kap. 4 ein „Fesselhain" („Fjöturlundr") erwähnt wird, und die Götter auch mit „Hapt" oder „Bönd" („Haftbande, Bindungen") umschrieben werden, halte ich den Ausdruck „gefesselt" für die richtige Übersetzung.

Es stellt sich nun die Frage, wie diese Fessel aussah. Mit einer regelrechten Fußfessel kann man nicht gehen, auch würde man sie unter den langen Godengewändern nicht sehen. Zusammengebundene Hände würden die Durchführung des Kultes nicht gestatten. Es kann also nur eine Art symbolischer Fessel gemeint sein, die ich in dem Eidring der Goden erkenne. Mit diesem Ring als wichtigstem Zeichen der Goden (wie noch heute der katholischen Priester) befasse ich mich ausführlich im nächsten Kapitel.

Zu dem Ritual der Initiation gehörte auch als wichtigster Bestandteil die Handauflegung durch den Leiter. Damit soll dem Anwärter spirituelle Kraft übertragen werden. Wir dürfen vermuten, daß das, was in der katholischen Priesterweihe noch heute üblich ist, auch schon in heidnischer Zeit existierte. Denn in der Ynglinga Saga heißt es[69]:

»Es war seine [Óðins] Gewohnheit, wenn er seine Mannen zum Kampf oder zu einer anderen Fahrt aussandte, ihnen vorher die Hände aufs Haupt zu legen und seinen Segen zu erteilen. Sie meinten dann, eine glückliche Fahrt zu haben«.

Hier werden zwar keine Priester erwähnt, aber immerhin Óðins Mannen, denen der Gott die Hände auflegte. Wir erinnern uns, daß die Bezeichnung „Gode" möglicherweise vom Namen Wodans („Godan") genommen wurde. Der Glaube, daß mithilfe des Auflegens von Händen besondere Kraft übertragen werden kann, ist bei den Germanen nachgewiesen, auch in der Edda, Sigrdrifumál 4, wo „heilende Hände" erwähnt werden, und wir dürfen annehmen, daß dies nicht nur bei Kriegern, sondern auch bei Priestern geschah und von dort in den kirchlichen Ritus gelangte, da die Handauflegung nicht biblisch begründet ist.

Wenn der Anwärter nun im Ritual zum Goden geweiht wurde, dann muß er noch auf dem Thingbereich, in dem er zukünftig wirken soll, durch Wahl vom Volke angenommen werden. Die Annahme des neuen Priesters durch die Gläubigen ist auch im Katholizismus rudimenär erhalten, wie ich oben erwähnte.

Eine Wahl der Priester finden wir auch in den heidnischen Úlfljótsgesetzen, die Úlfljótr im Jahre 927 von Norwegen nach Island brachte und die in der Landnámabók enthalten sind[70]:

»Es wurden Männer gewählt, die Tempel in Klugheit und Gerechtigkeit zu verwalten. Sie sollten auf den Thingen die Richter ernennen und den Rechtsgang leiten. Daher wurden sie Goden genannt. Jedermann sollte Zins an den Tempel bezahlen, wie jetzt den Zehnten an die Kirche«.

Es gehörte natürlich auch ein Gefolgschaftseid dazu, ein Eid auf die Götter und möglicherweise auch den einweihenden Oberpriester. Als Zeichen dieses Eides, der eine Fessel an die Gottheit darstellt, erhält der neue Gode den Eidring.

Zum Ritual der Weihe eines Anwärters zum Goden gehört auch eine Einkleidung. Wir finden sie bei fast allen Aufnahmeritualen, etwa dem Ritterschlag oder der Aufnahe in einen christlichen Orden. Nun stellt sich aber die Frage, wie die Goden überhaupt gekleidet waren. Einen Hinweis gibt uns Tacitus in seiner Germania[71]:

»Bei den Naharnavalern zeigt man einen Hain, eine uralte Kultstätte. Vorsteher ist ein Priester in Frauentracht; die Gottheiten, so wird berichtet, könnte man nach römischer Auffassung Castor und Pollux nennen. Ihnen entsprechen sie in ihrem Wesen; sie heißen Alcen«.

Die Gottheiten deute ich als die Götterbrüder Vidarr und Váli. Der Hinweis „in Frauentracht" hat zu vielerlei Deutungen geführt: Ersetzt hier der Priester eine Priesterin oder ist nur ein besonderer Kopfschmuck gemeint? Ich deute, daß Tacitus hier lediglich die allgemein übliche germanische Priestertracht beschrieben hatte. Priester trugen nämlich knöchellange Gewänder (wie noch heute die christlichen Priester) und auch die Frauengewänder waren so lang, während Männer Kittel trugen, die bis zur Mitte des Oberschenkels oder maximal bis zum Knie gingen. Tacitus beruft sich hier auf einen Bericht, nicht auf eigene Beobachtungen, wie er andeutet.

Der Chronist Strabon beschrieb das Gewand der Priesterinnen der Cimbern in der um 12 u. Zt. entstandenen Geographia[72]:

»Von den Cimbern berichtet man folgenden Brauch: Ihre Weiber, die mit den Männern zu Felde zogen, wurden von Priesterinnen begleitet, die die Gabe der Weissagung besaßen: Frauen mit grauem Haar und weißen Gewändern, die ihr Opferkleid aus spanischer Leinwand auf der Schulter mit Spangen befestigt hatten, einen ehernen Gürtel trugen und barfuß gingen«.

Es muß hier angemerkt werden, daß damals das Klima noch etwas wärmer war, als heute. Hier ist jedenfalls die weiße Farbe des Gewandes bezeugt. Auch mein schon auf S. 33f gebrachtes Jordaniszitat belegt weißgekleidete Priester. Selbst in Sagen aus viel späterer Zeit werden weißgekleidete Priester erwähnt, so in der Sage von der Gründung Berlins[73]:

»Da schritt die weißgekleidete Priesterschar herein und begann die Anrufung des dreiköpfigen Gottes«.

Das Gewand der Goden hieß „blótklæði" („Opferkleid"). Es scheint, daß im Norden dieses Gewand von roter Farbe war. In der Vatnsdœla Saga erfahren wir von einem roten Blótklæði. Hierbei ist zu beachten, daß der Besitzer dieses roten Kleides, Hrolleif, der Sohn eines wegen ihrer Zauberkünste verrufenen Weibes war – das rote Gewand kann also auch ein spezielles Zaubergewand gewesen sein[74]:

»Thorstein sagte: „Hast du irgend etwas Besonderes im Hause gesehen?" Er sagte, er habe einen großen Packen gesehen und unten ein rotes Kleid herauskommen. Thorstein sprach: „Da wirst du Hrolleif und sein Opfergewand gesehen haben"«.

In der Kormáks Saga[75] wird die rote Farbe der Hosen mit magischen

Handlungen in Verbindung gebracht. Auch bei Griechen und Römern gab es rote Priestergewänder. Der scheinbare Widerspruch läßt sich gut mit dem Kult erklären, denn beim Opferkult schlachtete der Gode ein Opfertier und sprengte mit einem „Hlautteinn" (Sprengwedel) das Opferblut über die Anwesenden. Ein weißes Gewand wurde dadurch natürlich auch blutig und mit der Zeit rot. Wir können annehmen, daß die Goden speziell zum Blót (Opferfest) ein besonderes rotes Gewand über das weiße Godengewand zogen. Das weiße Gewand war also eher die Alltagstracht oder für Kulte, bei denen kein Blut versprengt wurde. Jan de Vries schreibt[76]:

»Weiß dürfen wir wohl als typisch für die germanische Priestertracht annehmen«.

Die Farbe Weiß ist eine besondere Farbe der Götter. Als Attribute haben sie weiße Tiere (etwa Wodans weißes Roß) und man opfert ihnen weiße Tiere. Nur Erdgottheiten werden schwarze Tiere geopfert. Weiß ist die Farbe des Todes (die Asche der verbrannten Toten ist weiß) und der Geister, aber auch des Lichtes. Früher war weiß auch bei uns die Farbe der Trauer, noch heute ist sie das im Hinduismus. Selbst die katholischen Priester tragen noch heute ein weißes Untergewand, „Albe" genannt.
Eine Kopfbedeckung, bei den Goten „Pilleas" genannt, war auch dabei; ich stelle mir da einen weißen Breithut vor, wie ihn auch Jarl Skuli getragen hat.

In einem Zitat von Ammianus Marcellinus (4. Jh.), das ich auf Seite 96 anführe, wird ein gotischer Gode mit „Halskette und Armspange" erwähnt. Die „Armspange" ist sicher der Ring, aber zu der Halskette fehlen weitere Belege. Denkbar wäre eine Kette mit einem Götteramulett, oder aber eine regelrechte Amtskette, die dann nur der Stammespriester getragen haben wird. Möglicherweise bildete der Goldschmuck von Hiddensee (Vikingerzeit) einst so eine Amtskette. Er besteht aus Thorshämmern und Zwischenstücken, doch wie die Teile genau zusammengefügt waren, ist nicht mehr bekannt (Abb. 23).

Zuletzt ist es gut möglich, daß auch ein Stab oder Amtsstab dazugehört hat; verschiedene Kultstäbe wurden ja bei Ausgrabungen gefunden. Auch Óðinn hat einen Stab, wie die Strophe Vegtamsqviða 8 in jüngeren Edda-Handschriften belegt (s. Seite 128f), doch im Zusammenhang mit den Goden habe ich keinen Hinweis gefunden. Es liegt aber nahe, daß zumindest die höheren Priestergrade einen Stab trugen, zumal auch die christlichen Bischöfe einen Bischofsstab tragen. Dr. Eisenhofer schreibt

Abb. 23: Der Goldschmuck von Hiddensee, Vikingerzeit.

zum katholischen Weiheritus, bei dem der neugeweihte Priester Ring und Stab erhält[77]:

»Ring und Stab zu übergeben, war ein germanischer Brauch«.

Wie ein germanischer Priester ausgesehen hat, zeigt die Steinsäule von Wildberg in Württemberg; hier ist kein Gott dargestellt, sondern ein altdeutscher Priester in langem Gewande mit stolaartigem Gürtel, mit Zöpfen und langem Barte[78] (siehe Abbildung 37, S. 108).

Wenn nun also ein Kandidat zum Goden eingeweiht war und die Thinggemeinde des Thingbezirks, in dem das Heiligtum lag, dem der Gode zugeordnet wurde, ihn in einer Wahl angenommen hatte, dann führte dieser Gode auch dieses Gebiet, das man „Goðorð" („Godengebiet") oder „Heraö" („Gemeinde") nannte, also den Bezirk, in dem er der zuständige Gode war (vergleichbar dem Gebiet einer Kirchengemeinde).

Es ist überliefert, daß der neue Gode die Übernahme eines Godords feierlich zelebrierte. In der Mitte des 13. Jh. entstandenen Bandamanna Saga[79] wird die ausgestreckte Hand genannt, mit der Ospak dem Odd das Godord übergab. In der aus dem 14. Jh. stammenden Ljosvetninga Saga wird der Gode Thorgeir von Höskuld auf Verlust seiner Godenwürde verklagt, weil er die Richter (d. h. die Geschworenen) nicht nach dem Gesetz richtig einsetzte. Denn wenn ein Gode nicht nach dem Gesetz handelte, war das ein Grund, daß er abgesetzt werden konnte. Noch bevor dieser Prozeß nun stattfand, veranstaltete Höskuld ein Opfer[80]:

»Höskuld sagte: „Wir wollen uns mit Opferblut röten nach altem Brauch" – damit hieb er einen Widder nieder, eignete sich den Anteil Arnsteins an der Godenwürde zu und rötete die Hände im Blute des Widders. Arnstein ernannte sich Zeugen für das Vorgefallene und lehnte es ab, Richter zu ernennen, denn er wollte sich in dieser Sache nicht bloßstellen. Danach ging Höskuld auf den Thinghügel und lud Thorgeir vor auf Verlust der Godenwürde, ernannte Zeugen dafür, und danach die Richter. Sie hielten nun das Thing ab auf Viehstallspitze unterhalb Illugistätten, denn auf den Frühjahrsthingplatz drangen sie nicht durch«.

Man einigte sich bei diesem Streit um das Godentum am Schluß auf einen Vergleich.

Ein ganzer Abschnitt im isländischen Gesetzbuch Grágás (um 1260) behandelt den Ablauf des Things und die Pflichten der Goden und listet auf, welche Fehler des Goden dazu führen, daß er sein Godentum verliert. Zum Beispiel, wenn Goden nicht rechtzeitig zum Thing erscheinen usw. Dieser Abschnitt im Gesetzbuch trägt den Titel „Thingskappa Tháttr"[81].

Übrigens konnten Godentümer auch geteilt werden, oder ein Gode übernahm mehrere, oder sie wurden verkauft. Immer aber muß man davon ausgehen, daß der Käufer die entsprechende Ausbildung und Berechtigung hatte, sonst hätte er das Thing nicht richtig durchführen können und wäre auf Verlust der Godenwürde verklagt worden.

5.
Der Eidring

Das wichtigste Zeichen der Godenwürde ist der Eid- oder Tempelring (Abb. 24). Er wird in der um 1350 aufgezeichneten Eyrbyggja Saga, die wohl selbst inhaltlich von den Landnámabók abhängig ist, erwähnt[82]:

»Auf dem Altar lag ein offener Ring, zwanzig Unzen im Gewicht. Darauf mußten alle Eide geschworen werden. Diesen Ring sollte der Tempelgode bei allen Thingversammlungen am Arm tragen«.

Fast gleich lautet die Anfang des 14. Jh. entstandene Kjalnesinga Saga, der wahrscheinlich die Eyrbyggja Saga als Vorlage diente[83]:

»Auf dem Altar sollte ein großer, aus Silber gefertigter Ring liegen. Den sollte der Tempelgode am Arm haben bei allen Versammlungen. Darauf sollten alle Eide geschworen werden, in allen Tatklagesachen«.

Der Ring wird noch in einigen weiteren Sagas erwähnt[84], auch im Anglo-Saxon Chronicle wird zum Jahr 876 bei einem Friedensschluß zwischen den Angelsachsen unter König Aelfred und dänischen Vikingern ein Schwur beider Parteien „om þám hálgan beage" („auf den heiligen Ring") abgelegt[85].

Diesen Ring finden wir auch im Eddalied Atlaqviða 30. Da heißt es:

»So ergeht es dir, Atli, wie du Gunnarn hältst
Oft geschwor'ne Eide, die ihr einst gelobt
Bei der südlichen Sonne, bei Sigtyrs Berge,
Beim Roß des Ruhebetts und bei Ulls Ring«.

Es ist die einzigste Erwähnung eines Ringes des Gottes Ullr, sie hat die Forscher bis heute beschäftigt und zu vielen falschen Schlußfolgerungen verleitet. So schreibt Jan de Vries über den Gott Ullr[86]:

Abb. 24: Silberner Eidring (Tempelring) aus Gotland, 11. Jh., Vikingskipene, Bygdoy, Norwegen.

»Mit der ursprünglichen Bedeutung dieses Gottes als die klare, ordnende, das Recht schützende Seite des Himmelsgottes steht vorzüglich in Einklang, daß nach Akv. 30 ein besonders heiliger Eidschwur auf seinen Ring (at hringi Ullar) geleistet wird: er steht also in enger Beziehung zur Rechtsordnung und zum Dingfrieden«.

Ähnlich äußerte sich auch der schwedische Linguist an der Stockholmer Universität, Elias Wessén (1889-1981)[87].

Ludwig Gruber (Wien) folgerte sogar, daß Ullr ein Gott des Schwarzmondes, und sein Ring ein Abbild der vom Schwarzmond verdeckten Mondsichel sei. Er vermutete, Ullr hätte eigentlich „Hullr" („Verhüllender") geheißen. Gruber schrieb 1955[88]:

»Gehen wir von der sicheren Tatsache aus, daß dieser Ring-Gott die repräsentative Zentralfigur eines alten Schwurrituals und also einer entschieden düsteren Eidesmystik war (...), so folgt daraus zwangsläufig, daß er im Grundzug seines Wesens identisch gewesen sein muß mit der finsteren Hel (...) Schauen wir von da aus zurück auf das uns in der Edda überlieferte Bild dieses Gottes, so schimmern doch noch manche Züge seines Urbildes durch; so vor allem, daß Ull Wintergott ist, worin er auch einen Wesenszug mit der Holle gemeinsam hat«.

Mit diesen Fehldeutungen von Ullr und seinem Ringe einher gehen Fehldeutungen des Eidformulars des Ringeides, wie es in den zwischen 1275 und 1280 zusammengestellten Landnámabók erscheint[89]:

»Ein Ring von zwei oder mehr Unzen sollte in jedem Haupttempel auf dem Altar liegen. Diesen Ring sollte jeder Gode zu den Versammlungen, die er selbst abhielt, in der Hand halten, nachdem er ihn zuvor in dem Blute des Opfertieres gerötet hatte, das er selbst dort opferte. – Jeder Mann, der vor Gericht eine Rechtshandlung zu erledigen hatte, sollte vorher einen Eid auf diesen Ring schwören und sich zwei oder mehr Zeugen ernennen. „Ich ernenne sie dem zum Zeugnis", sollte er sagen, „daß ich einen Eid leiste auf den Ring, einen Rechtseid. Helfe mir Freyr und Njörðr und der allmächtige Ase [almáttki áss], wie ich in dieser Sache Klage führen oder abwehren oder Zeugnis oder Wahrspruch oder Urteil abgeben und alle Thinghandlungen, die auf diesem Thing an mich gelangen, so erledigen will, wie ich es als Wahrstes und Gerechtestes und dem Gesetz Gemäßestes weiß"«.

Auch in der Ólafs Saga Tryggvasonar Kap. 201 findet sich die merkwürdige Formel mit dem allmächtigen Asen. Der isländische Skandinavist Hermann Pálsson (1921-2002)[90] setzt diesen allmächtigen Asen auf Grund der Schwurformel im Atlaqviða mit Ullr gleich, Finnur Jónsson (1858-1934), Gustav Neckel (1878-1940) und Jan de Vries dagegen beziehen die Stelle auf Óðinn, da der Hauptgott in einer Schwurformel doch angerufen worden sein muß, Axel Olrik (1864-1917), Magnus Olsen (1878-1963), Elias Wessén (1889-1981), Eugen Mogk (1854-1939), E. O. G. Turville-Petre (1908-1978) und H. L. Tapp setzen diesen allmächtigen Asen mit Thórr gleich, da er die Weltordnung aufrechterhalte und wohl eher bei Schwüren angerufen wurde, als Óðinn. Auch mit Týr hat man die Bezeichnung in Verbindung bringen wollen, so Prof. Rudolf Simek (geb. 1954).

Alle Erklärungsversuche überzeugen nicht, Ullr als dunkler Wintergott, Gegengott und Verdränger Óðins erscheint nicht gerade als Eidgott ideal, und der Gott Óðinn selbst soll nach einer Deutung von Hávamál 110 einen sehr zweifelhaften Eidschwur gegenüber einem Riesen geleistet haben:

»*Den Ringeid, sagt man, hat Óðinn geschworen:*
Wer traut noch seiner Treue?«.

Und auch Thórr wird im Zusammenhang mit Eiden ein Vorwurf gemacht (Völuspá 26):

»*Von Zorn bezwungen zögert Thórr nicht,*
Er säumt selten, wo er solches vernimmt:
Da schwanden die Eide, Wort und Schwüre,
Alle festen Verträge jüngst trefflich erdacht«.

Daß hier keineswegs Eidbruch vorliegt, habe ich schon in meinem Kommentar zu den Götterliedern der Edda ausführlich dargelegt[91]. Auch der Gott Týr ist als Gott des Eides nicht recht passend. Er verlor seine rechte Schwurhand an den Fenriswolf und kann ohne Schwurhand keine Gefolgschaftseide entgegennehmen oder selbst Eide schwören.

Um die Bedeutung der Eidringe und des Ringeides richtig zu verstehen, müssen wir zunächst die Symbolik von Ringen allgemein betrachten. Tacitus schreibt in der Germania über die Krieger der Chatten[92]:

»*Die Tapfersten tragen überdies einen eisernen Ring – sonst eine Schande bei diesem Stamme – wie eine Fessel, bis sie sich durch Tötung eines Feindes davon befreien. Vielen Chatten gefällt dieses Aussehen, und sie werden grau mit ihren Kennzeichen, von Freund und Feind gleichermaßen beachtet*«.

Der Ring wird hier also mit einer Fessel gleichgesetzt, und diejenigen Krieger, die sich noch nicht durch eine besondere Tat (nämlich einen Feind zu töten) bewährt haben, unterstehen einer Selbstverpflichtung, die durch die Fessel nach Außen verdeutlicht wird. Auch bei der Eheschließung verkörpern die Eheringe eine Aneinanderfesselung oder -bindung der Eheleute. Der Ehering wird bereits in der Rigsthula 23 der Edda erwähnt, in der Völsunga Saga 29 tauschen Sigurd und Brynhild Ringe zur Verlobung.

Wenn ein Gode einen Ring am Arm trägt, der sonst auf dem Altar des Tempels liegt, dann zeigt dieser Ring, daß der Gode sich einer bestimmten

Gottheit unterstellt hat, d. h. er ist an diese Gottheit gebunden. Der Ring ist eine symbolische Fessel und damit ist auch Tacitus' Schilderung vom Fesselhain verständlich. Nur Goden mit so einem Ring durften den heiligen Hain, den Tacitus erwähnte, betreten, nur „Gefesselte" also.

Ein Gode wurde einer bestimmten Hauptgottheit geweiht, in deren Heiligtum er Gode ist. Oftmals trägt der Gode sogar einen auf die Gottheit bezogenen Namen, z. B. „Hrafnkel Freysgoði" („Hrafnkel, Gode des Gottes Freyr"), der einem Freystempel vorstand. Als Zeichen der Unterwerfung unter die Gottheit trägt der Gode den Eidring. Somit können Eidringe grundsätzlich allen Gottheiten geweiht sein, je nachdem, zu welchem Goden und Heiligtum sie gehören. Óðinn selbst besitzt einen Ring Draupnir, isländische Sagas erwähnen Thórr als Schwurgott, der irische König Maelseachlainn erbeutete von den Vikingern in Dublin „fail Tomair" („Thórs Ring"). Somit handelt es sich bei Ulls Ring im Eddalied Atlaqviða 30 um den Eidring eines dem Ullr geweihten Heiligtums, auf den geschworen wurde, d. h. um den Einzelfall eines Ullr-Ringes, so wie es auch Ringe für andere Gottheiten gab. Daß hier gerade ein Eid in einem Ullr-Heiligtum genannt wird, hängt auch damit zusammen, daß der Gott Ullr etwas dunkel und zwiespältig erscheint, und bekanntlich wurde der hier erwähnte Eid ja auch gebrochen.

Nun wird auch eine Textstelle der Mitte des 13. Jhs. aufgezeichneten Víga Glums Saga verständlich[93]:

»Wer im Tempel einen Eid leisten sollte, nahm den Silberring in die Hand, der mit dem Blute des geopferten Rindes gerötet war und nicht weniger als drei Unzen wiegen sollte. Da sprach Glum folgendermaßen: „Ich rufe den Asgrim zum Zeugen auf, rufe zweitens den Gizurr zum Zeugen auf, daß ich einen Tempeleid auf den Ring leiste und dem Asen sage, daß ich dorten (n)immer war und dorten (n)immer hieb und dorten (n)immer rötete Spitze und Schneide, wo Thorvald Haken den Tod empfing. Prüft nun den Eid ihr weisen Männer, die ihr zugegen seid!" Thoarin und die Seinen fanden nichts daran auszusetzen, sagten aber, sie hätten früher keinen Eid mit diesem Wortlaut gehört. Auf dieselbe Weise wurden die Eide auf Gnupufell und auch in Thvera geleistet«.

Glum benutzt hier zwar nicht die vorgeschriebene Formulierung des Ringeides, beachtet aber die Bedingungen, nämlich daß zwei Zeugen benannt sein müssen und daß eine Gottheit genannt wird, der der Eid geleistet wird. Diese wird hier nur „der Ase" genannt, gemeint ist natürlich diejenige Gottheit, der der Tempel geweiht ist. Dann leistete Glum den gleichen Eid auch noch in Gnupufell und in Thvera, wo weitere Tempel standen, die zwei anderen Gottheiten geweiht waren. Hier mußte Glum dann die entsprechenden anderen Eidringe nehmen und darauf schwören. Der Eid wurde also in drei Tempeln drei verschiedenen Gottheiten geschworen; die Gottheiten überwachen die Einhaltung der Eide.

Über die Bedeutung des Eides schreibt O. H. Schrader (1855-1919)[94]:

»Dieser älteste Eid charakterisiert sich als eine Selbstverfluchung, die man unter Berührung eines bestimmten Körperteils oder Gegenstandes in dem Sinne gegen sich selbst ausspricht, daß der berührte Körperteil oder Gegenstand, wenn man die Unwahrheit sage, Verderben leiden oder bringen solle«.

Und Wilhelm Wägner (1800-1886) führt aus[95]:

»Man schwur bei Ullers Ringe den heiligen Ringeid, und wer falsch schwur, der fürchtete, der Ring werde, sich verengend, den Finger durchschneiden«.

Wilhelm Wägner mißdeutet allerdings den Eidring als Fingerring und ordnet ihn wegen der zitierten Eddastelle fälschlich Ullr zu, wie die anderen Forscher.

Der genaue Wortlaut des Ringeides ist im oben zitierten „Ulfljotslög" („Ulfljots Gesetz") in den Landnámabók vorgeschrieben. Nun wird auch die Bezeichnung „allmächtiger Ase" in diesem Eidformular deutlich. Es ist hier gar kein bestimmter Ase gemeint, sondern immer nur diejenige Gottheit, der das Heiligtum und damit auch der jeweilige Eidring geweiht ist. Denn es handelt sich ja um einen allgemeinen Gesetzestext, der in jedem Tempel und Heiligtum im Falle einer Eidleistung angewendet werden sollte. Heute würden wir statt der Formulierung „Helfe mir Freyr und Njördr und der allmächtige Ase" schreiben: „Helfe mir Freyr und Njördr und der allmächtige N. N." und dann den jeweiligen Namen einsetzen, je nachdem, welchen Namen die Gottheit des Tempels trägt. Natürlich bezieht sich die Formulierung auch auf weibliche Gottheiten; in einem Tempel der Göttin Freyja würde man also sagen: „Helfe mir Freyr und Njördr und die allmächtige Freyja". Daß man der jeweiligen Gottheit des Tempels die Bezeichnung „allmächtig" zulegt, ist vielfach bezeugte Praxis im Heidentum. Die jeweilige Hauptgottheit eines Kultplatzes wird von ihren Dienern meist besonders gewürdigt und geehrt.

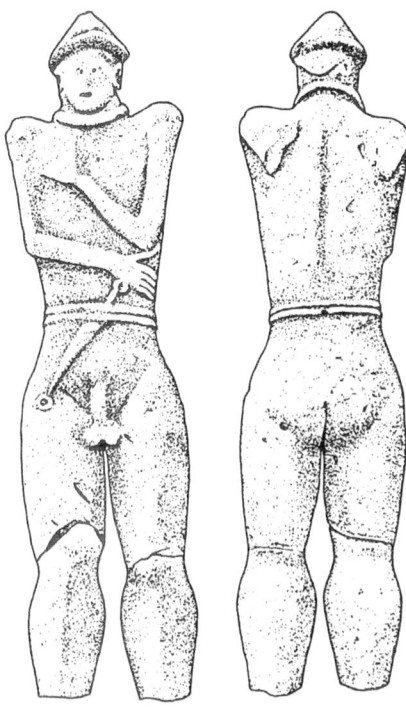

Abb. 25: Steinerne Grabstele von Hirschlanden.

Etwas geändert hat sich die Bedeutung der Ringe bei den Kelten, wo man sie heute auf lateinisch „Torques" („torquere", „drehen") nennt. Diese Ringe werden schon früh in den Textquellen erwähnt. Der Historiker Livius berichtet, daß um das Jahr 360 v. u. Zt. der römische Feldherr Titus Manlius den Beinamen „Torquatus" erhielt, nachdem er im Zweikampf einen gallischen Fürsten erschlagen und seinen Torques erbeutet hatte[96]. Der Historiker Polybios erzählt, daß in der Schlacht von Telamon 222 v. u. Zt. viele keltische Krieger goldene Torques und Armreifen trugen, die nach der Schlacht zusammen mit den erbeuteten gallischen Feldzeichen als Trophäen am Capitol aufgehängt wurden[97]. Die steinerne Grabstele des Kriegers von Hirschlanden, Hallstadtzeit (siehe Abb. 25) zeigt diesen mit Halsring, genauso wie z. B. eine hellenistische Darstellung eines sterbenden Galliers.

Bei den keltischen Kriegern wurde die bei Tacitus erwähnte eiserne Fessel also zu einem goldenen Ring, der wie eine Art Rangabzeichen und als Zeichen der Tapferkeit getragen wurde.

Aber auch Götterbilder der Kelten wurden mit derartigen Ringen dargestellt. Der in Gallien geborene Historiker Pompeius Trogus, dessen Bericht in einem Auszug des Justinus (3. Jh. u. Zt.) erhalten ist, berichtete, daß der gallsche Fürst Catamandus nach seinem Friedensschluß mit der Stadt Massilia (Marseille) einer keltischen Göttin die in dem Bericht Minerva genannt wurde, einen goldenen Torques weihte[98].

Von den erhaltenen keltischen Götterbildern tragen einige Ringe. Die Darstellung eines bruchstückhaft erhaltenen Steinbildes des Gottes Cernunnos auf dem Monument der Nautae Parisiaci zeigt den Gott mit Hirschhörnern, an denen je ein Torques hängt. Nur hier ist übrigens auch der Name Cernunnos erhalten (Abb. 26).

Abb. 26 : Bruchstück des Cernunnos-Altares der Nautae Parisiaci (Schiffer von Paris) aus der Zeit 14-27 n. Ztw.

Auf der Bronzeplastik des in Buddhahaltung sitzenden Gottes von Bouray trägt dieser einen Torques um den Hals, auch die Sandsteinfigur von Euffigneix, die eine Gottheit mit Eber zeigt, und der Sandsteinkopf aus Kornhaus Scherowitz (Böhmen) tragen je einen offenen Halsring.
Wahrscheinlich handelt es sich um Gottheiten, die dem höchsten Gott Dis Pater unterstellt sind und daher einen Ring tragen; da der Ring sich

aber bei Kriegern zu einer Art Statussymbol entwickelt hatte, werden nun natürlich auch die Götter so dargestellt. Der gedrehte Halsreif galt als so typisch keltisch, daß der römische Dichter Claudian um 400 u. Zt. in seiner Festdichtung zum Consulat des Stilicho das personifizierte Gallien einen Torques tragen ließ[99].

Auch germanische Götterbilder trugen Ringe am Arm, wie die um 1280 geschriebene, aber um die Jahrtausendwende spielende Brennu Njals Saga erwähnt[100]:

»In der Nacht ging der Mords-Hrapp zu dem Gotteshaus des Jarls und Gudbrands. Er trat in das Haus ein; er sah die Thorgerd Hölgabrud sitzen, die war so groß wie ein erwachsener Mann; sie hatte einen großen Goldring am Arme und eine Leinenhaube auf dem Kopf. Er zog ihr die Haube weg und nahm ihr den Goldring ab. Da sah er Thorr auf seinem Wagen und nahm ihm einen zweiten Goldring ab. Einen dritten nahm er von der Irpa und schleppte die Bildnisse alle hinaus und nahm ihren ganzen Anzug an sich. Darauf legte er Feuer an das Gotteshaus und verbrannte es«.

Es ist möglich, daß die Eidringe in diesem Privattempel von Jarl Hakon und Gudbrand, der neben dem Tempel von Lade als größter Tempel Norwegens galt, nicht auf dem Altar lagen, sondern den Götterbildern angesteckt wurden. Es ist auch möglich, daß es neben dem Eidring des Goden einen ähnlichen der Gottheit gab, um das gegenseitige Bindungsverhältnis von Gode und Gottheit darzustellen.

Es wurden übrigens zahlreiche nichtzusammengeschlossene Ringe aus Gold, Silber, Bronze, Messing oder Eisen gefunden. Auch das jeweilige Gewicht wechselt, die 20 Unzen Gewicht (etwa 538 Gramm), die in den Quellen erwähnt werden, wurden wohl schon früher nicht immer eingehalten. Einige Ringe konnten als Halsringe getragen werden, andere waren Armringe; der jeweilige Durchmesser macht dies deutlich.

In Pietroasa (Rumänien) fand man einen kostbaren Goldschatzfund der Goten aus der 1. Hälfte des 5. Jh. Leider gingen 10 Gegenstände verloren, darunter ein Ring mit 16 cm Durchmesser, der zerteilt wurde, doch blieben zwei Bruchstücke, die eine Runeninschrift vollständig enthalten, bewahrt. Durch einen Abguß vor der Zerstörung und Zeichnungen konnte die Inschrift rekonstruiert werden. In Runen ist zu lesen[101]:

»gutaniowihailag«.

Das ergibt aufgelöst: „gutani o(dala) wi hailag", „der Goten Erbbesitz, Weihtum, heilig" oder umgestellt: „Erbbesitz aus dem unverletzlichen Heiligtum der Goten". Oder sollte mit „des Goden unverletzliches Heiligtum" übersetzt werden? Auch den Namen Wodans (Gotan) kann man hier erkennen: „Des Gotans unverletzliches Heiligtum". Man hat auch die Lesung „der Goten Iupiter heilig" angeführt, und da die o-Rune auch als j-Rune gelesen werden kann, ergibt sich auch die unverständliche Deutung „der Goten (gutes) Jahr, Weihtum, heilig" (Abb. 27).

Abb. 27: Goldring mit Runen aus dem Gotenschatz von Pietroasa, 1. H. d. 5. Jh.

Auf dem cimbrischen oder thracischen Kessel von Gundestrup ist ein Priester oder Schamane mit einem Hirschgeweihhelm dargestellt. Dieser Schamane hat um den Hals einen Ring, einen weiteren hält er wie ein Gode in der rechten Hand (Abb. 28). Damit ist belegt, daß der Eidring in der rechten Hand getragen wurde, allerdings wird auf dem Runenstein von Ockelbro (Schweden, Vikingerzeit) ein Ring auch mit der linken Hand

Abb. 28: Bild von dem thracischen Kessel von Gundestrup, 2./1. Jh. v. Ztw.

gehalten (Abb. 29). Es ist eine Figur in der Mitte, an der Weltbaum-Darstellung. Die Inschrift des Steines ist belanglos, sie bedeutet übersetzt: „Blesa ließ dieses Steingrab errichten nach seinem Sohn Svarthöfde. Fridelfe war seine Mutter."

Der ursprüngliche Eidring ist also aus einer wohl eisernen oder bronzenen Fessel hervorgegangen. Eine Fessel muß verschließbar sein, ein völlig geschlossener Ring kann niemals eine Fessel richtig ersetzen, denn einen solchen Ring kann man sich ja nur überstreifen und leicht wieder abstreifen. Die Öffnungen der Eidringe sind also nur aus den Verschlüssen der älteren Fesseln zu erklären; der Ring von Pietroasa (Abb. 27) hat noch einen deutlichen derartigen Verschluß, das eine Ende wird in die Öse des anderen eingehängt. Selbst der Verlobungsring von Sigurd und Brynhild, der „Andvaranaut", hatte eine Art Öffnung, denn er wird im Nibelungenepos beschrieben als Schlange, die ihren Schweif im Munde führt, mithin ist wenigstens theoretisch eine Öffnung des Ringes denkbar. Gleichzeitig ist ein völlig geschlossener Ring ein Symbol für die Unendlichkeit, während ein offener Ring als Fesselersatz immer auch die Endlichkeit des Daseins verkörpert.

Abb. 29: Der Runenstein von Ockelbro, Schweden, Vikingerzeit. Die Figur rechts am Weltbaum trägt einen Ring in der linken Hand.

Der Eid- oder Tempelring symbolisiert auch die Demut, die der Träger des Ringes gegenüber der Gottheit, der zu Ehren der Ring getragen wird, ausdrückt. Diese Demut („Mut zum Dienen") ist auch bei Tacitus angedeutet, wonach die Priester sich nur als „Diener der Götter" betrachteten.

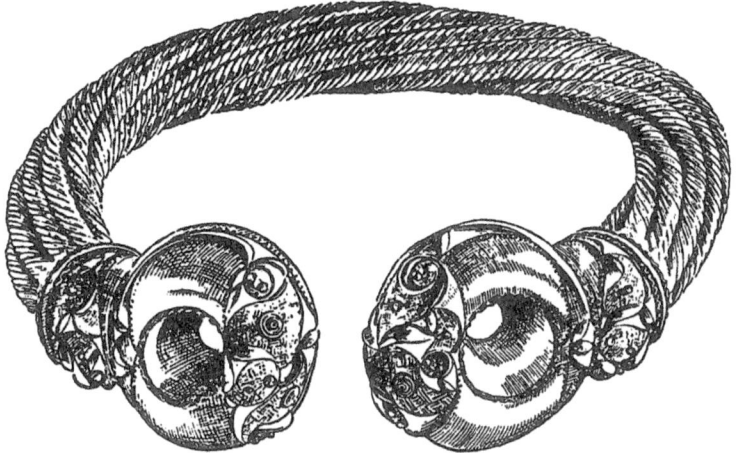

Abb. 30: Torques aus Snettisham in Norfolk.

Ein Gode ist ohne so einen Ring nicht denkbar, denn der Ring ist Zeichen seiner Bindung und Unterordnung unter eine Gottheit als Vertreterin aller Gottheiten. Nur mit so einer Bindung ergibt die Bezeichnung „Gode" („Gottheit") überhaupt erst einen Sinn.

Zuweilen erscheinen derartige Ringe in der wissenschaftlichen Literatur als „Halsringe", doch erkennt man sowohl an ihrem geringen Durchmesser, als auch daran, daß sie nicht verbiegbar sind, daß diese Ringe nicht um den Hals gezogen werden konnten, ohne daß man sie beim Anlegen zerbrechen würde.

Der Ring als Zeichen des Goden und seiner Bindung an eine bestimmte Gottheit ist auch noch im Katholizismus das Zeichen der Bischöfe, Kardinäle und des Papstes. Sie tragen allerdings keine Armringe mehr, sondern Fingerringe, meist mit dem Amtswappen des Betreffenden. Der Gläubige erweist der Verbindung des Priesters mit Gott dadurch Ehre, daß er bei der Begrüßung eines Bischofs, Kardinals oder des Papstes den Ring symbolisch küßt.

Ganz ähnlich ist es mit dem Ehering. Dieser wird nach deutscher Überlieferung am Ringfinger der rechten Hand getragen. Bei der Begrüßung einer verheirateten Frau durch einen Mann ist zuweilen noch der Handkuß üblich: Der Mann ergreift mit seiner Rechten die rechte Hand der Frau und beugt sich über sie, einen Kuß andeutend. Dieser Handkuß galt einst der Verbindung der Ehefrau mit ihrem Mann, durch den Ring angezeigt, also dem Sakrament der Ehe selbst, daher ist der Handkuß auch nur bei verheirateten Frauen üblich, nie bei unverheirateten Damen.

Abb. 31: Torques aus Süddeutschland.

6.

Priesterränge

Über die Zuständigkeiten der Goden erfahren wir leider in südgermanischen Quellen fast nichts. Demgegenüber aber sprudeln die isländischen Quellen umso reicher. Hier ist uns bis ins Detail überliefert, wie die Thinge in heidnischer Zeit eingerichtet waren. Wir können daraus ersehen, wie die Goden zusammenwirkten und erfahren etwas von Goden mit höherem Rang. Allerdings war Island eine „godische Republik", d. h. hier gab es neben den Priestern keine Könige, Jarle oder Hersir, so daß die Goden dort zwangsläufig zugleich Häuptlinge (höfðingi) waren.

In den um 1130 zusammengestellten Islendingabók erfahren wir von der Einteilung des Landes Island in Viertel[102]:

»Da wurde das Land in Viertel geteilt, so daß drei Thinge in jedem Viertel waren, und auf jedem sollten die Thinggenossen ihre Klagen zusammen verhandeln; nur im Nordländerviertel waren es vier, weil man sich dort auf andere Weise nicht einigen konnte: Die nördlich vom Eyjafjord wohnten, wollten das Thing dort nicht besuchen und die westlich vom Skagafjord wohnten, nicht zu diesem kommen. Doch sollte die Ernennung der Richter und die Beschickung der Lögretta [gesetzgebende Kammer] aus diesem Viertel keine andere sein als aus den übrigen Vierteln«.

In den Landnámabók wird weiter ausgeführt[103]:

»Damals wurde das Land in Viertel geteilt, und es sollten in jedem Viertel drei Thinge und in jedem Thingbezirk drei Haupttempel sein«.

Wenn wir uns nun einmal klarmachen: Jeder Tempel unterstand einem Goden. Drei Tempel waren in einem Thingbezirk, d. h. es gab ein Thing für den Bezirk, wo drei Goden in ihren Tempeln wirkten. Da nicht alle drei Tempel beim Thingplatz lagen, höchstens einer, wir aber aus den Rechtstexten wie der „Grágás" wissen, daß die Goden beim Thing anwesend sein mußten, um das Thing zu heiligen, die Götter anzurufen und den Rechtsgang zu leiten, ergibt sich nun auch, daß die Goden nicht gleichzeitig während eines Things in ihrem jeweiligen eigenen Tempel sein konnten, nur in dem Tempel, der beim Thingplatz lag, konnte man sein; nun gab es drei Thinge im Jahr, das Várthing (Frühjahrsthing, ursprünglich zur Frühlingsgleiche), das Althing (ursprünglich zu Mittsommer) und das Leiðarthing (Herbstthing, ursprünglich zur Herbstgleiche). Für die Opfer in den anderen Tempeln blieb also nur die Zeit zwischen den Thingen übrig; es ist nicht vorstellbar, daß man im Tempel opferte und kultisch auf die Götter trank, um dann sofort die Reise zum Thingplatz anzutreten (die mehrere Tage dauern konnte) und dort Thing abzuhalten. Es ergibt sich daher, daß auch auf Island an den sog. Zwischenfesten (Vollmondfesten) in den Tempeln geopfert wurde.

Wenn nun ein Thing war, mußten also mindestens zwei Goden des Thingbezirks ihre Höfe und Tempel verlassen und zum Thingplatz ziehen, wo der Tempel des dritten Goden lag. Dort hatten sie zusammen das Thing abzuhalten, was auch das isländische Rechtsbuch, die Grágás, die um 1260 aufgeschrieben wurde, bestätigt[104]:

»Wir sollen Várthinge [Frühjahrsthinge] abhalten in unserem Lande. Es sollen drei Goden zusammen das Thing abhalten«.

Ähnlich wird es in der Grágás für das Leiðarthing (Herbstting) ausgeführt. Dieses System hatte den Vorteil, daß bei drei Goden immer einer unabhängig ist; ist Streit zwischen den Thingmännern des Goden Nummer eins mit denen des Goden Nummer zwei, so unterstützen diese Goden den Kläger und den Beklagten wie Rechtsanwälte und Gode Nummer drei ist unabhängiger Leiter der Verhandlung. In diesem Sinne ist der folgende Fall aus der Eyrbyggja Saga zu deuten[105]:

»Im Frühjahr um die Vorladezeit ritt Thorbjörn nach Mövenhalde und er lud dort Geirrid vors Thing, weil sie eine Nachtreiterin sei und Gunnlaugs Unheil verschuldet habe [durch Schadenszauber]. Die Sache kam vor das Thorsspitzthing. Gode Snorri lieh seinem Schwager Thorbjörn seine Unterstützung [dem Kläger], Gode Arnkel aber führte für seine Schwester Geirrid die Verteidigung [die Beklagte] [ergänze: Der dritte Gode des Things, Gode Helgi, leitete den Rechtsgang]. Das Zwölfmännergericht hatte zu urteilen, aber keiner von beiden, weder Gode Snorri noch Arnkel durften den Wahrspruch [der 12 Geschworenen] verkünden wegen ihrer nahen Verwandtschaft mit Ankläger und Beklagtem. So wurde Helgi, der Gode von Tempelgart, zur Kündung des Wahrspruchs bestimmt«.

Abb. 32: Übersicht über Thingvellir, den Ort des isländischen Allthings. Rechts der Thingvellir-See, darüber der Wasserlauf der Axt-Ache. Dort befand sich auf einer heute nicht mehr vorhandenen Insel die Lögretta, die gesetzgebende Kammer. Die lange Schlucht ist die Allmännerschlucht, wo die Thingleute zelteten.

Eigentlich unterstand dieses Thing dem Goden Snorri, der den höheren Rang hatte.

Drei Goden, die auch untereinander konkurrieren konnten, zusammen zelebrieren zu lassen setzt voraus, daß einer dieser drei Goden einen höheren Rang hatte. Auch das bestätigt die Grágas[106]:

»Alle [drei] Goden, die in diesem Thingkreis stehen, sollen kommen zu Anfang des Things. Der Gode, dem dort die Thingheiligung zusteht, der soll dort das Thing heiligen am ersten Abend, wenn sie zum Thing gekommen sind«.

Ein einzelner Gode hatte also die Aufgabe, das Thing zu heiligen. Somit kann man davon ausgehen, daß er einen höheren Rang hat. Wie wurde nun dieser Gode ausgewählt? Entweder die drei Goden machten das unter sich aus, oder es war der Gode, dessen Tempel beim Thingplatz lag. Der hatte dann einfach wegen der Nähe seines Heiligtums, wo man dann vor Beginn der Thingberatungen opfern konnte, eine besondere Bedeutung. Es wird ja gesagt, daß der Eidring mit dem Blut des Opfertieres gerötet werden mußte, dann legten die Parteien eines Rechsstreites ihre Eide darauf ab. Somit muß vor dem Thing in der Nähe ein Opferkult stattgefunden haben und einer der drei Goden des Things leitete ihn und dessen Eidring wurde dann auch auf dem Thing für die Eide verwendet.

Wir wissen, daß es auf Island in der heidnischen Zeit 39 Goden gab, da es 13 Thingbezirke gab, in jedem aber 3 Goden waren: 13 x 3 = 39. Eigentlich sollte es 12 Thingbezirke (mit 36 Goden) geben, doch konnte man sich im Norden nicht einigen und hatte hier einen Thingbezirk mehr. Aber dennoch sollten nicht mehr Goden aus dem Norden in die gesetzgebende Kammer des Allthings (Abb. 33, S. 90) entsandt werden. Dort saßen also nur 36 Goden, als ob es auf Island nur 12 statt 13 Thingbezirke gegeben hätte. Drei der zusätzlichen Goden aus dem Norden durften nicht in die gesetzgebende Kammer. Wenn wir nun bedenken, daß jeweils ein Gode pro Thingbezirk einen höheren Rang hatte, also Obergode war, dann kommen wir auf genau 12 Obergoden, die in die gesetzgebende Kammer des Allthings entsandt wurden. Diese saßen dort zusammen mit 24 normalen Goden.

Von 12 Obergoden berichtet die nach 1220 entstandene Ynglinga Saga. Zwar werden diese 12 Obergoden mit den Göttern identifiziert (d. h. die Götter werden als Obergoden beschrieben), aber das ist nur eine mythologische Übertragung. Menschliche Systeme richteten sich nach göttlichen Vorbildern: Man setzte 12 Obergoden ein, weil es 12 männliche Götter gibt, die 12 Obergoden wählten den Stammespriester, weil die 12 Götter Óðinn als Häuptling hatten. Snorri Sturluson, der Verfasser der Ynglinga Saga, der verschiedene ältere Quellen wie das Gedicht Ynglingatal verwendet hatte, nutzte also eine ihm bekannte Struktur von 12 Obergoden, um damit die Götter zu beschreiben. Es heißt in der Ynglinga Saga[107]:

»In der Burg aber lebte ein Häuptling namens Óðinn. Dort war eine große Opferstätte. Es war dort Brauch, daß zwölf Tempelgoden [Hofgóðar] als oberste [œztir] Goden galten. Sie hatten die Opfer zu leiten und unter den Männern Recht zu sprechen. Man nannte sie Díar oder Dróttnar. Den mußte alles Volk Dienste und Verehrung erweisen«.

Das hier gebrauchte altnordische Wort œztir (œztr) ist eine Form von œðri und bedeutet „besser, vornehmer".
Das Wort „Díar" ist das alte indogermanische Wort für Gott (*deivos) und den Himmelsgott Dyaush; es ist mit dem Götternamen Týr etymologisch verwandt. „Divi", „Fürst", armenisch „di", „Halbgötter", persisch „diw", „Dämon", alts. „djej", „Heros". Man vermutet, daß das Wort aus dem Altirischen entlehnt ist (altir. „día", „Gott"), doch sehe ich dies nicht zwingend. Allerdings wurde Island auch von Irland aus besiedelt, so daß ein irisches Wort durchaus angetroffen werden kann. Es findet sich auch im 10. Jh. beim Skalden Kormak in dessen Sigurðardrápa 3 als „día fjörðr" („Fjord der Díar") als Umschreibung für den Dichtermet, der also mit den Obergoden in Verbindung gebracht wird, da sie sicher auch kultische Gedichte schufen. Es wird vermutet, daß der Skalde Kormak, der wahrscheinlich mütterlicherseits irischer Abstammung war, diesen Begriff erst eingeführt hatte und Snorri ihn von dort übernahm.

Christian August Vulpius (1762-1827) schreibt über die Diar[108]:

»Diar, Name der Opferpriester, welche Odin zu seinem geheimen Rathe ernannt hatte und welche göttliche Anbetung genossen«.

„Díar" bedeutet „Gottheit"; „Díar" sind also wie Goden Leute, die in Verbindung zu den Göttern stehen. „Dróttnar", altnord. „dróttinn" dagegen bedeutet „Scharführer, Herr, Fürst"; verwandt ist das angelsächsische „dryhten" oder der deutsche „Truchseß", „drótning" ist eine Königin, „dróttqvett" („Hof- oder Fürstenton") ist das Versmaß einiger Eddalieder, die vielleicht von Dróttnar gedichtet wurden. Da die Göttin Frigg in der jüngeren Edda (Skaldskaparmál Kap. 27) „drottning ása og ásynja" („Königin der Asen und Asinnen") angerufen wird, kann damit auch „Oberpriesterin der Asen und Asinnen" gemeint sein.

Der Nachsatz in den Zitat der Ynglinga Saga bezieht sich auf die als Götter interpretierten Díar, kann aber auch einen Hinweis auf Gefolgschaftseide und -dienste enthalten.

Die Ynglinga Saga erzählt auch, daß diesen Díar viele Künste, besonders aber Weisheit und Zauberkunde beigebracht wurden, wie ich schon zitiert hatte (Seite 52).

Jakob Grimm (1785-1863) schreibt in der Deutschen Mythologie über die Priester der Germanen[109]:

»Ohne Zweifel lag ihnen, außer jenen Geschäften, die Verrichtung feierlicher Gebete, die Tötung der Opfertiere, die Weihung der Könige und Leichen, vielleicht auch der Ehen, die Abnahme der Eide und manches andere ob (...) Ohne Zweifel bildeten die Priester einen gesonderten, vielleicht erblichen Stand, wenn auch minder mächtigen und einflußreichen als in Gallien. Wahrscheinlich gab es außer jenem sacerdos civitatis [Stammespriester] höhere und geringere (...) Eine merkwürdige Stelle der Ynglinga Saga Kap. 2, welche die Asen überhaupt als Einwanderer aus Asien, und Asgard, ihren Sitz als eine große Opferstätte ansieht, macht die zwölf vornehmsten Asen zu Opferpriestern (hofgoðar) (...) und fügt hinzu, daß sie Díar (divi) und Dróttnar (domini) genannt worden seien. Diese Vorstellung, wenn auch nichts als Vermutung Snorris, zeigt uns die hohe Würde, worin das nordische Priestertum stand, und wie man Götter selbst an die Spitze der Opfer und Gerichte setzte. Aber Díar und Dróttnar dürfen wir darum nicht mit den Priestern vermengen«.

In der älteren mythologischen Forschung, die noch nicht so strikt germanische und keltische Überlieferungen trennte, wurde der Begriff Dróttnar mit dem keltischen Priestertitel der Druiden gleichgesetzt. Seit der Antike (Plinius) übersetzt man das Wort „Druide" mit „Eichenkundiger" (gr. „Drýs", „Eiche", gr. „dryídés", „Druide", kelt. „*dru-vid-es") allerdings ist diese Übersetzung wenig überzeugend, denn sie erklärt die Verwendung eines griechischen Wortes oder die Umstellung der Buchstaben des keltischen Wortes „duir" („Eiche") zu „Druide" nicht. Daher hat man jetzt eine Deutung (von „dru" und „wid", vgl. lat. „videre", „sehen, wissen") als der „sehr weit Sehende" oder der „sehr viel Wissende" angenommen.

Zu erwägen wäre aber auch eine Verbindung zu dt. „Drut" oder „Trut" („Geist"). In jedem Falle können wir die keltischen Druiden mit den germanischen Díar/Dróttnar vergleichen. In der Ynglinga Saga sind die Díar mit Göttern gleichgesetzt. Die Götter haben Óðinn (Othinus) als Anführer oder König, und als Óðinn zeitweilig von ihnen verbannt wurde, wählten sie sich einen anderen Anführer, nämlich Ullr (Ollerus), wie der Chronist Saxo Grammaticus in seinem 3. Buch erzählte. So wie die Götter, wählten auch die Díar aus ihrem Kreise den Stammespriester, und auch die Druiden wählten einen obersten Druiden auf Lebenszeit. Caesar schreibt darüber in seinem Bello gallico[110]:

»An der Spitze aller Druiden steht ein Mann, der den höchsten Einfluß unter ihnen genießt. Stirbt er, folgt ihm entweder der nach, der unter den übrigen das höchste Ansehen besitzt, oder aber sein Nachfolger wird von den Druiden gewählt, wenn mehrere gleich hohes Ansehen besitzen«.

Caesar erwähnt dann noch, daß zu einer bestimmten Zeit alle Druiden Galliens im Carnutenwald zu einer Art Allthing zusammenkamen und daß sie in Britannien ausgebildet wurden:

»Zu einer bestimmten Zeit des Jahres tagen die Druiden an einem geweihten Ort im Gebiet der Carnuten, das man für das Centrum ganz Galliens hält. Von allen Seiten kommen dort alle die zusammen, die einen Streitfall auszutragen haben, und unterwerfen sich den Entscheidungen und Urteilen der Druiden. Man glaubt, daß die Lehre der Druiden aus Britannien stammt und nach Gallien herübergebracht worden ist. Daher gehen die, die tiefer in ihre Lehre eindringen wollen, meist nach Britannien, um sie dort zu studieren«.

Es handelt es sich hier natürlich um eine Beschreibung keltischer Bräuche. Aber können wir wirklich keinerlei Gemeinsamkeiten zwischen den beiden indogermanischen Völkern der Germanen und Kelten annehmen, zumindest vor 2000 Jahren? Die Übereinstimmungen beider Priestersysteme sind doch augenscheinlich und eindeutig.

Doch zurück zu den Goden auf Island. In der gesetzgebenden Kammer des Allthings, der Lögretta, saßen also in heidnischer Zeit 36 Goden, 12 davon hatten einen höheren Rang, wie ich schon ausgeführt hatte. Interessant ist nun, daß jeder Gode noch zwei seiner Thingleute mitbringen konnte zur Beratung. Sie hatten aber kein Stimmrecht. Die Grágás schreibt[111]:

»*Dies gilt auch von all den Männern, die Sitz in der Lögretta haben, so wie hier dargelegt wurde, daß ein jeder Zweie von seinen Thingleuten in der Lögretta anbringen soll
zum Ratschlagen mit sich: Den einen vor sich und den andern hinter sich*«.

Die heidnische Lögretta bestand also aus drei konzentrisch aufgestellten
Sitzreihen, auf der mittleren Sitzreihe saßen die Goden, die innere und äußere Sitzreihe war für die Thingleute (siehe Abbildung).

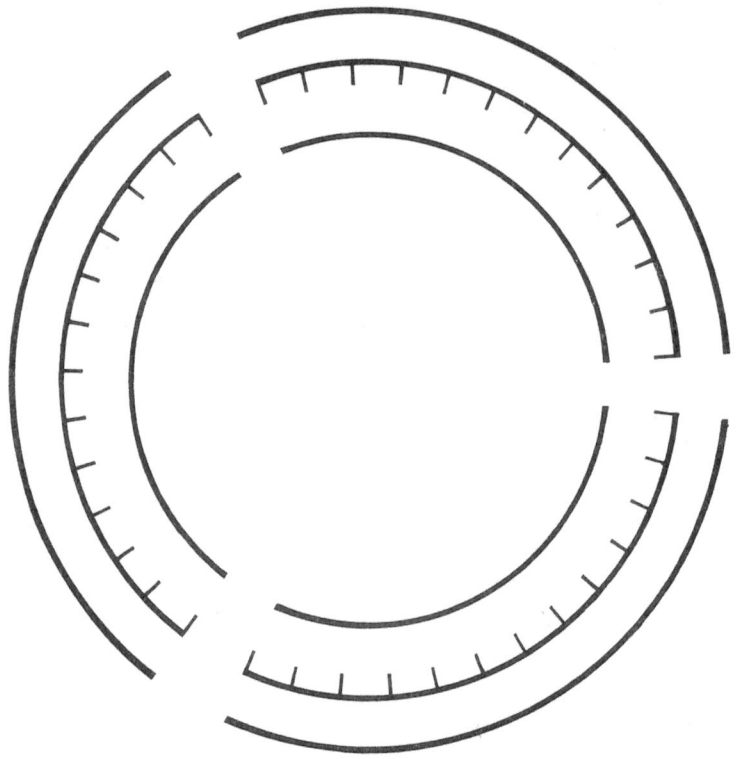

Abb. 33: Sitzordnung der ältesten Lögretta beim isländischen Allthing.

Es stellt sich nun die Frage, wer als Thingmann für die Lögretta ausgewählt wurde: Nahmen die Goden einfach nur Freunde oder Vertraute mit,
oder Leute, die sich gut in bestimmten Fachgebieten auskannten, oder

gute Kämpfer, falls es zum Streit auf dem Thingplatz kommt? Oder handelte es sich um Diener des jeweiligen Godens, die ich als „Hilfspriester" bezeichnen würde? Hilfspriester hat es gegeben, sie wurden vom Goden als ihren Paten und Lehrmeister ausgebildet und für eine spätere Godenschaft vorgesehen.

Jedenfalls herrschte offenbar das Idealbild vor, wonach es einen Rat von 12 obersten Goden, Diar, gab, der analog zum Rat der 12 Götter gebildet war.

Abb. 34: Steinerne Bank an den Externsteinen im Osning (Teutoburger Wald).

Auch die Externsteine im Osning (Teutoburger Wald) waren ein Hauptheiligtum, vergleichbar dem Allthing auf Island. Hier wirkte als oberste Stammespriesterin zeitweilig die Veleda, wie ich noch ausführen werde. Wir dürfen annehmen, daß es auch hier einen Rat von 12 höheren Goden gegeben hat. In diesem Zusammenhang ist eine in den Fels geschlagene Bank erwähnenswert (Abb. 34). Diese Bank ist genauso lang, daß hier gerade 12 Personen nebeneinander bequem sitzen können. Eine eigene Trittstufe ist in den Stein geschlagen, damit die Personen die Bank leicht betreten und verlassen können. Einige Meter daneben befindet sich die steinerne Kanzel, von der aus Reden oder Gebete so gesprochen werden

konnten, daß das versammelte Thingvolk auf dem Platz vor dem Heiligtum alles gut hören konnte – die Felsen reflektierten den Schall.
Auf der steinernen Bank an den Externsteinen nahmen nach meiner Deutung also 12 oberste Goden ihren Platz während der Kulte und Thingversammlungen.

Bei den Wenden (Wandalen) und Balten gab es mehrere Priestergrade die Hilfspriester hießen „Rabe" oder „Rabo", die gewöhnlichen Priester (also den Goden entsprechend) waren die „Veidels" (auch: „Waidelott, Weidelbot, Weionen"), das sind „die Gelehrten". Dann gab es eine zweite Priesterklasse, die „Micki" (altnord. „mikill", „mächtig"). Über ihnen standen die 12 „Griwaiten" und darüber der „Griwe" (oder: „Criwe, Grive, Kriwe, Kriweh, Krew"), der auch „Evarto Krian" (vgl. „Ewart") genannt wurde.

Wenn wir uns also das Godensystem des heidnischen Island ansehen, dann erkennen wir, daß es mehrere Priesterränge gab, und auch die antiken Quellen über die Germanen erwähnen Priester und Stammespriester sowie Diener. Wir können also von einem hierarchisch differenzierten Priestersystem der Germanen ausgehen.

7.
Stammespriester

In der heidnischen Zeit gab es – vermutlich in jedem Stamm – auch einen obersten Stammespriester. Auch er trug eine Bezeichnung, die den Begriff „Gode" enthielt.

Schon Julius Caesar erwähnt einen Stammespriester der Kelten, den er „Gotuatus" nennt, in seinem Werk „De bello gallico"[112]:

»Caesar ließ inzwischen den Quaestor M. Antonius mit 15 Cohorten bei den Bellovacern zurück, um den Belgern keine Gelegenheit zu geben, erneut einen Aufstand zu planen. Er selbst zog zu den übrigen Stämmen, befahl, mehr Geiseln zu stellen, und nahm allen durch seinen Zuspruch die Furcht. Als er zu den Carnuten kam, bei denen der Krieg, wie Caesar im vorigen „Commentar" schilderte, seinen Ausgang genommen hatte, wurde ihm klar, daß sie sich fürchteten, weil sie sich ihres Verbrechens bewußt waren. Um den Stamm schneller von seinen Befürchtungen zu befreien, forderte er die Hinrichtung des Cotuatus, des Anstifters des Verbrechens, der sie zum Krieg aufgehetzt hatte. Obwohl sich dieser nicht einmal seinen eigenen Stammesgenossen auslieferte, sorgten alle dafür, daß er schnell gefunden und ins Lager gebracht wurde. Caesar sah sich gegen seine Natur dazu gezwungen, ihn hinrichten zu lassen, weil die Soldaten einen großen Auflauf machten und alle Gefahren und Verluste, die sie in dem Krieg erlitten hatten, auf Cotuatus schoben. Daher wurde dieser zu Tode geprügelt und dann enthauptet«.

„Cotuatus" oder „Gotuatus" („C" und „G" waren einst identische Buchstaben) bezeichnet hier nach einer Theorie den obersten Priester, der zurückgezogen lebte und von den Menschen zuweilen aufgesucht und um Rat gefragt wurde. Caesar hatte den keltischen oder germanischen Titel als Eigenname mißverstanden. Man zerlegt das Wort in zwei Teile, „Gotu" und „Atus". „Gotu" oder „guth" bedeutet „Gode" und „Atus" oder „athir" „Vater", also „Godenvater" (ein älterer, oberster Gode). Dieser Gotuatus wird auch auf verschiedenen gallorömischen Weihesteinen erwähnt (Abb. 35):

Abb. 35: Gutuater-Weihestein CIL XIII 11225 mit der Inschrift: »Aug(usto) sa(crum) / deo An/vallo Nor/baneius / Thallus / Gutuater / v(otum) s(olvit) l(ibens) m(erito)«. Kunstmuseum Rolien in Autun, Frankreich.

CIL XIII, 1577 »adlector ferrariar(um) gutuater praefectus colon(iae) / qui antequam hic quiesco liberos meos / utrosq(ue) vidi Nonn(ium) Ferocem flam(inem) IIvirum bis«;

CIL XIII, 11225 »Aug(usto) sa(crum) / deo An/vallo Nor/baneius / Thallus / Gutuater / v(otum) s(olvit) l(ibens) m(erito)«;

CIL XIII, 11226 »Aug(usto) sacr(um) / deo Anvallo / C(aius) Secund(us) Vi/talis Appa / Gutuater / d(edit?) / s(ua) p(ecunia) ex voto«;

POGEN / »dei Moltini Gutuatri Mart(is) / Ul(toris) cui ordo quod esset civ[is] / optimus et innocentissimus / statuas publ(icas) ponendas decrev(it)«.

Auf diesen Weiheinschriften steht die Bezeichnung immer mit „G", also „Gutuater", wobei die Römer auch nicht zwischen „U" und „V" unterschieden (siehe die Abbildung 35 der zweiten Weiheinschrift), so daß man auch „Gutvater" lesen kann.

Schon im 7. Buch hatte Caesar den Gutuater erwähnt, und Forscher deuten den Namen als Priesterbezeichnung[113]:

»Als dieser Termin kam, stürmten auf ein Signal hin die Carnuten unter der Führung des Cotuatus und Conconnetodumnus, zweier verwegener Menschen, nach Cenabum [Orleans], brachten die römischen Bürger um, die sich dort zu Handelszwecken niedergelassen hatten, und plünderten ihr Vermögen«.

Auffallend ist, daß hier zwei Anführer genannt werden, der Gotuatus und der Conconnetodumnus, so daß man durchaus an einen Stammespriester zusammen mit einem Heerführer denken kann. Dennoch ist die Godenbezeichnung im Gebiete der Kelten ungewöhnlich, sie könnte von Germanen übernommen worden sein oder wir müssen sie anders deuten. So versucht man auch, den Titel von „Stimme" (altir. „guth") abzuleiten, also „Vater der Anrufung". Sicher ist nur, daß es ein Priestertitel ist, aber ob hier tatsächlich ein „Godenvater" erwähnt wird, ist unsicher.

Die nächste Erwähnung gibt es in Strabos Geographia (ca. 12 u. Zt.)[114]:

»In der Prozession zog auch Libes, der Priester der Chatten, auf«.

Und in Tacitus' Germania im Zusammenhang mit der Götterbefragung durch Loshölzchen wird ein Stammespriester gleichfalls erwähnt[115]:

»Dann betet, bei einer öffentlichen Befragung der Stammespriester, bei einer privaten Befragung der Familienvater zu den Göttern«.

Indirekt werden oberste Goden auch in Kap. 11 der Germania genannt, wo sie neben dem König oder Häuptling stehen und das Thing, die Ratsversammlung leiten. Da es nur einen König pro Stamm gab, muß es sich um das Allthing des ganzen Stammes und damit um den Stammespriester handeln:

»Ruhe gebieten die Priester; sie haben jetzt auch das Recht, zu strafen. Dann hört man den König an oder die Stammeshäupter, jeweils nach dem Alter, nach dem Adel, nach dem Kriegsruhm, nach der Redegabe«.

In seinen Annalen nennt Tacitus einen Priester am „Altar der Ubier". Die allgemeine Formulierung (Altar eines ganzen Stammes) kann sich nur auf das Hauptheiligtum der Ubier beziehen und somit auf einen Stammespriester[116]:

»Segestes hatte den Gesandten seinen Sohn namens Segimundus beigesellt, aber im Bewußtsein seiner Schuld war der Jüngling noch unschlüssig. In dem Jahre nämlich, in welchem Germanien abfiel, hatte er, zum Priester beim Altar der Ubier erwählt, seine priesterlichen Binden zerrissen und war zu den Aufständischen geflohen«.

Offenbar wird hier von einer Wahl in das Amt des Stammespriesters der Ubier berichtet. Ob die Übersetzung genau genug ist, kann ich nicht beurteilen, möglicherweise sind die „priesterlichen Binden" („creatus ruperat vittas") oder „die Priesterbinde" (in einer andern Übersetzung) auch eher „Bindungen", d. h. Segimundus hätte seine Bindungen an das Priesteramt beendet.

Aus dem Jahre 381 stammt ein Brief des Konzils von Aquileia an die Kaiser Valentinian und Theodosius, in welchem möglicherweise ein Stammespriester erwähnt wird[117]:

»Was soll man über seinen Lehrer Valens sagen? (...) Er wagte es, wie behauptet wird, durch gotische Gottlosigkeit entweiht, nach Sitte der Heiden mit Halskette und Armspange angetan, in den Gesichtskreis des römischen Heeres zu treten, was ohne Zweifel nicht nur für einen Priester, sondern für jeden Christen ein Frevel ist. Sogar nach römischer Sitte wird es verabscheut - wenn nicht die heidnischen Priester der Goten so aufzutreten pflegen«.

Hier deutet die Halskette (eine Amtskette, siehe Abb. 23 Seite 66) auf einen Stammespriester hin, die Armspange meint wahrscheinlich den Eidring. Und der Priester wird als Lehrer bezeichnet, was uns ein Beleg für die Aufgabe der Goden, andere im Glauben zu unterrichten, ist.

In der gotischen Bibelübersetzung des Wulfilas (4. Jh.) steht – wie erwähnt – das Wort „gudjans" für „Hohepriester".

Der englische Chronist Beda erzählt in seiner um 730 entstandenen Kirchengeschichte der Angeln[118] von der Bekehrung des Stammespriesters (primus pontificum) der Angelsachsen namens Coifi:

»Sogleich warf er [Coifi] den abergläubischen Wahn ab und bat den König, ihm Waffen und einen Hengst zu geben, damit er ihn besteigend hinreiten könne, die Götterbilder zu zerstören. Es war nämlich dem Opferpriester nicht erlaubt gewesen, Waffen zu tragen und noch anders als auf einer Stute zu reiten«.

Zwar ist diese Quelle 7 Jahrhunderte jünger als Tacitus, aber wir können wohl davon ausgehen, daß sich nicht allzuviel an der Bedeutung des germanischen Priestertums im 1. Jahrtausend geändert haben wird. Ähnlich unverändert blieb z. B. auch das katholische Priestertum in den letzten 1000 Jahren. Jedenfalls widersprechen sich die Quellen nicht, sondern sie beleuchten unterschiedliche Aspekte des Priestertums, die wir für das gesamte Jahrtausend voraussetzen können. Z. B. findet sich hier bei Beda wieder das schon bei den Goten bezeugte Verbot, Waffen zu führen (S. 33f). Auch in den isländischen Tempeln der Vikingerzeit war es verboten, Waffen zu tragen. Ein gleiches Verbot ist auch vom isländischen Allthing überliefert. Eiserne Waffen vertreiben gute Geister, Waffen dürfen nur von Angehörigen des Wehrstandes getragen werden, nicht von Angehörigen des Lehrstandes. Außerdem bedeutet die Erlaubnis, Waffen zu tragen, daß jede Thingentscheidung durch Zweikampfforderung (Gottesurteil) in Frage gestellt werden könnte. Ein Gode würde also zu viel Macht erhalten, gestünde man ihm das Recht ein, Waffen zu benutzen. Dazu kommt, daß das Recht, eine Waffe zu führen von Kriegerclanen verliehen wurde, zu denen ein Gode keinen Zugang hatte. Wenn in der isländischen Hrafnkels Saga Freysgoða (2. Hälfte des 13. Jh.) der Freysgode Hrafnkel zum Schwert greift, um den Schänder des heiligen Pferdes zu töten, dann ist dies ein bewußter Verstoß gegen derartige Verbote und vielleicht auch durch die junge Aufzeichnungszeit der Saga bedingt, denn die älteren Quellen lassen vermuten, daß Hrafnkel (Sohn des Hrafn) aus einer Óðinssippe stammte und also wohl ein Óðinsgode gewesen sein muß – darauf deutet auch der Name Hrafn/Hrafnkel, der den Raben, Óðins heiligen Vogel, bezeichnet.

Der Forscher Jan de Vries schreibt[119]:

»Der von Tacitus (Germ. c. 10) erwähnte sacerdos civitatis [Stammespriester] deutet auf eine gewisse Abstufung der Priesterwürde hin; dasselbe geht aus einer Mitteilung über die Burgunder hervor: sie hatten einen Oberpriester, der den Namen Sinistus (= Ältester) führte, und der, wie die Könige, für Lebzeiten gewählt wurde. Man nimmt gewöhnlich an, daß unter römischen Einfluß sich bei den Burgundern sowohl die staatliche wie die priesterliche Obergewalt zu einer umfassenden Institution entwickelt habe. Das ist nicht sicher, jedenfalls dürfen wir dem Namen Sinistus entnehmen, daß dieser Priester das Haupt einer Hierarchie gewesen ist. Beda nennt (Hist. Eccl. II, 13) den anglischen Priester Coifi, den wir in anderem Zusammenhang (s. § 619) noch erwähnen werden, primus pontificum, offenbar weil er neben dem König das höchste priesterliche Amt hatte«.

Der oberste Priester der Balten hieß „Griwe" („Criwe"), er saß im Heiligtum Romove in Ostpreußen und leitete von dort aus durch seine Oberpriester, die „Criwaiten", die heidnische Religion. Der Name wird verschieden gedeutet, eine Verbindung zu wendisch „krew", „Blut" ist möglich, oder zu niederdeutsch „Greewe", „Graf". Er stand mit dem König in enger Verbindung. Als Zeichen trug der Criwe den Amtsstab „Griwale". Der Criwe wurde von den 12 Griwaiten auf Lebenszeit gewählt. Auch heute noch trägt der oberste baltische Priester die Bezeichnung „Krivis".

Auf Island trug der oberste Gode den Namen „Allsherjargoði", „Gode aller Männer"; es ist auch der Óðinsname „Herjann" („Herrscher") enthalten, der in den Quellen sehr häufig zu finden ist und ein alter Kultname des Gottes darstellt. Die Bezeichnung „Allsherjargoði" hatten die Isländer sehr wahrscheinlich schon aus ihrer norwegischen Heimat mitgebracht und nun auch auf Island verwendet. Dabei wurde zunächst die Sippe des ersten Landnahmemannes dadurch geehrt, daß die Allsherjargoden alle aus dieser Sippe stammen sollten; dies wurde aber nicht konsequent durchgehalten. Damit wurden auch Streitereien um dieses Amt verhindert. Es heißt in den Landnámabók[120]:

»Thorsteins Sohn war der Gesetzsprecher [lögsögumáðr] Thorkell Máni, der von den heidnischen Männern noch den besten Glauben gehabt hat, soweit man Beispiele kennt.

Er ließ sich in seiner Todeskrankheit in den Sonnenschein tragen und befahl sich in die Hände des Gottes, der die Sonne geschaffen habe. Er hatte auch ein so reines Leben geführt, wie nur die frömmsten Christen. Sein Sohn war Thormod, der in der Zeit, als das Christentum kam, Allherjargode [allsherjargoði] war«.

Der Forscher Åke V. Ström schreibt[121]:

»Zu beachten ist, daß auch hier das Abstammungsprinzip in Kraft war: der allsherjargoði, „oberster Gode", der das Allthing zu eröffnen hatte, sollte immer aus dem Geschlecht Ingolfs, des ersten Landnahmemannes sein«.

Und Jacob Grimm erwähnt den Allsherjargoden in seinen Rechtsaltertümern so[122]:

»Der Godi, in dessen Herað das Landthing lag, hieß Allsherjargodi und hatte einen gewissen Rang vor allen übrigen«.

Mit „Herað" ist das „Godord" (Godengebiet) bzw. die Gemeinde des Goden gemeint.

Über den Stammespriester, der das Heiligtum Arkona auf Rügen leitete, hat Saxo Grammaticus ausführlich berichtet, 1636 erzählt auch Albert Kranz in seiner Wandalia[123] von diesem „Aberglauben":

»Welcher dermaßen zugenommen, daß sie auch lang Tribut zu solchem Tempel geben, und denselben für den allerheiligsten, auch dessen Priester höher als ihren König gehalten. Daher holeten sie Responsa und Antwort, darin erkundigten sie, was jedes Ding für einen Ausgang gewinnen sollte«.

Der Stammespriester wurde von den obersten Goden auf Lebenszeit gewählt, das ist z. B. bei den Balten, wo der Criwe von den Criwaiten gewählt wurde (wie die Chronisten Hartknoch, Waisselius u. a. bezeugten), überliefert. Bei den Kelten wählten die Druiden ihren obersten Druiden im Carnutenwald. Dieses heidnische Verfahren gab es auch bei den Römern und wurde von der Kirche für ihre Papstwahl übernommen. Die Germanen nahmen sich dabei offenbar die Mythen zum Vorbild, denn bei Saxo Grammaticus wird erzählt, wie die Götter sich nach der Vertreibung Othins (Oðins) einen anderen Anführer wählten. Saxo geht dabei von Menschen in Byzanz aus, die fälschlich als Götter verehrt wurden. Somit beschreibt Saxo eigentlich genau ein menschliches System der Wahl eines

Abb. 36: Der Allsherjargode von Deutschland (der Autor) bei einem Blót des European Congress of Ethnic Religions (ECER) in Rothenhorn, Schlesien, im Brachmond 2008.

obersten Priesters oder Gottes. Es heißt bei Saxo im 3. Buch, Kap. 81:

»Die Götter aber, die ihren Hauptsitze in Byzanz hatten, beschlossen, den Othin aus ihrem Kreise zu verstoßen, weil sie sahen, wie er den erhabenen Glanz seiner Göttlichkeit mit verschiedenen die Würde schmälernden Makeln befleckt hatte; und nicht allein aus seiner Stellung als Oberhaupt entfernten sie ihn, sondern sie nahmen ihm auch jede gewohnte Ehre und jedes Opfer und wiesen ihn ins Elend; sie hielten es für geratener, daß die Macht ihres schmachbedeckten Vorstehers abgeschafft, als daß die Würde der Religion entweiht würde (...) Sie straften ihn also mit Verbannung, damit nicht durch seine Schuld die Religion ganz schwinde und wählten an seine Statt einen gewissen Ollerus, nicht allein zur Nachfolge in der Herrschaft, sondern auch in der Göttlichkeit, gleich als ob es das Gleiche wäre, Götter und Könige zu wählen. Obgleich sie ihn nur in Stellvertretung zum Obergott gewählt hatten, so beschenkten sie ihn doch mit der vollen Ehre der Stellung: Er sollte nicht als Verweser eines fremden Amtes, sondern als gesetzlicher Nachfolger in der Würde dastehen«.

Es ist für uns nicht entscheidend, ob Saxo und Snorri menschliche Verhältnisse (von 12 Obergoden und ihrem Anführer) beschrieben und diese auf die Götter bezogen, oder ob sie von den Göttern sprachen und dies auf die Menschen bezogen. Immer achtete man darauf, daß menschliche Organisationen im Einklang mit mythischen Dingen standen. Bezeichnend ist, daß im Text auch von der „Würde der Religion" die Rede ist, um die es den Díar geht; das weist doch eher auf hohe Priester hin, deren Aufgabe es ist, die Religion zu repräsentieren, denn den Göttern ist so etwas natürlich nicht wichtig.

Othin wurde von den Göttern abgesetzt, weil er sich als Völva (Hexe) verkleidet hatte und so die Rind verführt hatte. Dieses Verhalten war zwar notwendig, da Othin wußte, daß Rind die Mutter des Rächers von Baldrs Tod, Vali werden würde, aber es war dennoch nicht akzeptiert. Die Götter setzten Othin also ab und wählten als neuen Obergott den Ollerus (Ullr). Auf menschliche Dimensionen bezogen bedeutet das, daß die 12 Diar (Obergoden) den Allsherjargoden aus ihrem Kreise wählten, daß sie ihn aber auch absetzen konnten, wenn er sich einer ethisch-moralischen Verfehlung schuldig gemacht hatte. Im Mythos aber kehrt Othin wieder zurück und Ollerus wird abgesetzt.

Bei der Wahl des Stammespriesters entschied offenbar auch das Alter und die Erfahrung, wie uns Ammianus Marcellinus in seinem um 394 vollendeten Libri rerum gestarum[124] andeutet:

»Denn der höchste Priester von allen heißt bei den Burgundern Sinistus - er ist es lebenslänglich und keinen Wechselfällen ausgesetzt wie die Könige«.

Der lateinische Text hat den Begriff „Sinistus", der mit „der Älteste" oder „Ältester" übersetzt werden kann. Es ist nicht klar, ob es sich um ein germanisches Wort handelt, oder ein lateinisches. Es gibt im Alemannischen die Bezeichnung „seniscalcus" für „Altknecht" und das französische „Sénéchal". Aber auch lateinischer Herkunft kann das Wort sein, denn lateinisch „senex" bedeutet „alt" (vgl. „Senioren"); in Wulfilas Bibel steht „Sinistans" für „die Alten, die Ältesten des Volkes". Wie dem auch sei, der Stammespriester der Burgunder war alt und erfahren und auf Lebenszeit eingesetzt, also nicht abwählbar wie die Könige – damals wurden Könige gewählt und konnten abgesetzt werden.

Jeder Stamm hatte wohl einen Stammespriester, nur bei Beda erscheint ein Stammespriester für zwei Stämme, denn die Angelsachsen sind zwei Stämme, Angeln und Sachsen. Es gab hier also einen Stammespriester für zwei Stämme, ähnlich war es bei den Druiden, die sich auf ganz Gallien bezogen. Und auch Veleda war wohl oberste Priesterin mehrerer Sämme.

Eine Besonderheit auf Island ist das Amt des „Gesetzessprechers", des „Lögsögumaðr" oder „Lögmaðr". Er hatte auf dem Allthing die Aufgabe, die bestehenden Gesetze aufzusagen, denn sie waren nicht aufgeschrieben. Ob er diese der Reihe nach rezitierte, oder auf Anfrage von Einzelnen dann das jeweils benötigte Gesetz mitteilte, ist nicht bekannt. Priesterliche Funktion hatte er nicht. In den oben zitierten Landnámabók und andern Sagas wird ein Gesetzessprecher schon in der heidnischen Zeit erwähnt. Die Annahme des Christentums auf Island im Jahre 1000 erfolgte auf dem Allthing: Die Christen hatten den als heidnisch geltenden Lögsögumaðr bestochen und beide Seiten – Christen wie Heiden – erklärten im voraus feierlich, seinem Gesetz, das er noch nicht verkündet hatte, zu folgen. Er verkündete nun das Gesetz, wonach alle Menschen Christen werden sollten, doch sollte es weiterhin erlaubt sein, im eigenen Bereich heidnisch zu bleiben.

8.
Reinheit, Lebenswandel

Die Priester nahezu aller Völker waren immer an die Einhaltung eines bestimmten „reinen" und moralisch-ethisch einwandfreien Lebenswandels gebunden. Das war bei den Indogermanen nicht anders und hat sich z. B. im Hinduismus noch bis heute erhalten. So finden wir z. B. im zwischen 200 v. u. Zt. und 200 u. Zt. zusammengestellten indischen Gesetzbuch des Manu (Manusmriti) die folgenden Vorschriften für die Brahmanen-Priester[125]:

»57. Übermäßiges Essen ist der Gesundheit, dem guten Namen und der künftigen Seligkeit im Himmel nachteilig; es ist der Tugend schädlich und unter den Menschen verhaßt, daher muß er [der Priester] es auf das geflissentlichste vermeiden.

61. Wer das Gesetz kennt und nach Reinlichkeit strebt, wird immer seine Waschung mit dem rechten Teil seiner Hand vollziehen und weder mit heißem noch schäumendem Wasser, er wird sich an einen einsamen Ort stellen und sich nach Morgen oder Mitternacht wenden.

88. Wie ein Fuhrmann widerspenstige Pferde zu behandeln weiß, so wird ein weiser Mann mit der größten Sorgfalt die Gliedmaßen zu bezäumen verstehen, welche unter den hinreißenden Sinnlichkeiten wild herumirren.

95. Die Unterdrückung sinnlicher Lüste ist weit besser als die Befriedigung derselben, ohne Rücksicht auf das Ansehen von Personen, die sich entweder allen Genuß erlauben oder demselben völlig entsagen.

101. Des Morgens in der Dämmerung wiederhole er die Gayatri [Hymne an die Sonnengöttin] stehend, bis er die Sonne sieht, und in der Abenddämmerung sitzend, bis die Sterne deutlich zu sehen sind.

118. Ein Brahmane, der über seine Leidenschaften völlig Meister ist, ob er gleich nur eine Gayatri versteht, verdient mehr Ehre als der, welcher seine Leidenschaft nicht zähmt, alle Arten von Nahrung ißt und alle Arten von Waren verkauft, wenn er auch die drei Vedas verstünde.

161. Niemand lasse Klagen von sich hören, ob er gleich Schmerz leidet, niemand beleidige den anderen, weder in der Tat noch in Gedanken, niemand sage ein Wort, das seinen Mitmenschen kränken könnte, denn dies wird seinen eigenen Fortschritt zur künftigen Glückseligkeit verhindern.
162. Ein Brahmane sollte immer weltliche Ehre wie Gift vermeiden und lieber Geringschätzung suchen, als ob es Nektar wäre.

177. Er muß sich enthalten des Honigs, des Fleisches, der Wohlgerüche der Blumenkränze, der süßen Pflanzensäfte, der Frauen, aller süßen Sachen, die sauer geworden sind, und der Beschädigung irgendeines belebten Wesens.
178. Er muß sich enthalten der Salben für seine Glieder, des schwarzen Pulvers für seine Augen, des Gebrauchs der Pantoffeln und des Sonnenschirms, sinnlicher Lüste, des Zorns, des Geizes, des Tanzes, des Gesanges und des Saitenspiels.
179. Er muß sich enthalten der Streitigkeiten, des Spielens, der Verunglimpfung, der Umarmung und des frechen Anschauens der Frauen und der Ungefälligkeit gegen Andere.
180. Er muß immer allein schlafen und nie seine Mannheit verschwenden; denn wer seine Mannheit mit Willen verschwendet, verletzt die Vorschrift seines Standes und bricht sein Gelübde«.

Zugegeben, hier sind Einflüsse vorhanden, die wir für die älteste Zeit nicht annehmen können. Ähnliche Regeln kennt auch das Judentum, sie sind im Buch Leviticus (3. Buch Mose) der Bibel enthalten. In Leviticus 21f, sagt der Gott Jachveh, wie Priester sich rein halten müssen:

»21, 1. Und Jachveh sprach zu Mose: Sage den Priestern, Aarons Söhnen, und sprich zu ihnen: Ein Priester soll sich an keinem Toten seines Volks verunreinigen.

21, 6. Sie sollen ihrem Gott heilig sein, und nicht entheiligen den Namen ihres Gottes. Denn sie opfern Jachvehs Opfer; darum sollen sie heilig sein. Sie sollen keine Hure nehmen (...).

21, 10. Welcher Hoherpriester ist unter seinen Brüdern, auf des Haupt das Salböl gegossen und seine Hand gefüllet ist, daß er angezogen wurde mit den Kleidern, der soll sein Haupt nicht blößen, und seine Kleider nicht zerreißen.
21, 11. Und soll zu keinem Toten kommen, und soll sich weder über Vater noch über Mutter verunreinigen.

21, 12. Aus dem Heiligtum soll er nicht gehen, daß er nicht entheilige das Heiligtum seines Gottes (...)
21, 13. Eine Jungfrau soll er zum Weibe nehmen.

22, 4. Wer etwa einen anrührt, der an einem Toten unrein worden ist, oder welchem der Same entgehet im Schlaf,
22, 5. Und welcher irgendein Gewürm anrühret, dadurch er unrein wird, oder einen Menschen, durch den er unrein wird, und alles, was ihn verunreiniget,
22, 6. Welche Seele der eins anrühret, die ist unrein bis auf den Abend, und soll von dem Heiligen nicht essen, sondern soll zuvor seinen Leib mit Wasser baden«.

Auch die römischen Priester kannten verschiedene Reinheitsvorschriften. Die religiösen Vorschriften eines Jupiterpriesters hat Karl Kerényi[126] in einem interessanten Beitrag zusammengestellt. Der Jupiterpriester nahm eine hervorragende Stellung ein. Bedingung für das Amt war, daß der Inhaber des Amtes aus einer confarreierten Ehe, also einer den römischen Patriziern zustehenden Form der Eheschließung unter Anwesenheit des Pontifex maximus (Oberpriesters), des Flamen Dialis sowie weiteren zehn Zeugen, hervorgegangen sein und auch selbst eine solche Eheform schließen mußte. Eine Scheidung des Jupiterpriesters von seiner Flaminica (Ehefrau) war unmöglich, wenn sie starb, erlosch auch sein Amt. Sein Leben war eine ununterbrochene Hingabe an seinen Gott Jupiter, niemals durfte er sich seiner Priestertracht (einer purpurverbrämten Toga) entledigen oder die vielen mit seinem Amt verbundenen kultischen Gebote vernachlässigen. Es war ihm verboten, politische Ämter zu bekleiden, er durfte keinen Eid leisten, und nur einen durchlöcherten Ring ohne Stein tragen. An seiner Kleidung war kein Knoten erlaubt. Seine Haare zu schneiden war nur einem Freien (keinem Sklaven), und zwar mit einer Bronzeschere, gestattet. Seine Haare und abgeschnittenen Fingernägel wurden unter einem noch lebendigen Baum vergraben. Von Efeu, rohem Fleisch und Ziegen, den Attributen des körperlich ausgerichteten Dionysos-Kultes, mußte er sich fernhalten, und durfte auch Bohnen, die mit der Totenwelt in Verbindung stehen (Totenspeise), nicht essen. Ihm war jede Berührung eines Verstorbenen untersagt. Nur wenn die Ahnen durch Masken dargestellt wurden, konnte er einen Leichenzug begleiten, der Friedhof blieb ihm verschlossen. Er durfte auch nicht reiten. Gefesselte mußten vor seinem Hause die Fesseln ablegen.

Diese Beispiele zeigen, daß auch die heidnischen Römer, die zu den Indogermanen gehören, ein streng geregeltes Priestertum hatten. Die Priester des Mars (Salier) bildeten ein zwölfköpfiges Kollegium, das seinen Sitz auf dem Palatin hatte. Auch die Salii Collini des Quirinus bildeten ein zwölfköpfiges Gremium. Obester Priester in Rom war der Pontifex maximus (der Titel wurde später auch von Kaisern und dem christlichen Papst geführt), es mußte ein Mann aus hohem Adel sein (es gab hier Ausnahmen), ihm zur Seite standen die Pontifices, also Oberpriester. Sie bildeten ein Kollegium, das als oberste Instanz der Sakralgesetzgebung fungierte, den Vollzug von Kult und Ritus bis ins einzelne bestimmte und überwachte, auch den Kalender berechnete und die Vorzeichen deutete. In der ältesten Zeit vermutet man drei Mitglieder dieses Gremiums, später sind 15 (unter Sulla) und 16 (bei Caesar) bezeugt. Alle Mitglieder blieben lebenslang in ihrem Amt.

Die Hilfspriester (Flamen minores) hatten geringe Bedeutung und entstammten nicht dem Adel, sondern dem Plebejerstand, später auch dem Ritterstand.
Es gab verschiedene Priestergruppen, die für den Kult bestimmter Gottheiten zuständig waren. Nach der „Festtafel" des Numa Pompilus (715-673 v. u. Zt.) gab es Hauptpriester (Flamen maiores); diese Priesterämter durften nur Patrizier (Adel) ausüben. Zu den Hauptpriestern gehörten die Priester des Jupiter (Flamen Dialis), die Priester des Mars (Flamen Martialis) und Priester des Quirinus (Flamen Quirinalis), später kamen noch die Priester des vergöttlichten Kaisers hinzu (Flamines Divorum). Diese letzteren wurden vom Kaiser selbst bestimmt. Soweit das römische heidnische Priesterwesen.

Immer geht es bei den Priestern um Reinheit; es ist also die Frage, ob auch die germanischen Goden solche oder ähnliche Regeln kannten. Der unbestritten große Kenner germanischer Religion, Wilhelm Grönbech (1873-1948), geht von einem Priesterstand aus, der bestimmte Lebensregeln einhalten mußte. Er schreibt[127] über die Goden:

»Diese höchste Heiligkeit ließ sich nicht wie ein verborgenes Leben tragen, das unbemerkt wirkte; mit dem höchsten Heil verband sich die größere Auszeichnung vor den anderen (...) Unzweifelhaft führte auch die größere Gnadengabe in dem Häuptlingspriester besondere Verpflichtungen der Art mit sich, daß er sich verschiedener Alltagsverrichtungen enthalten und gewisse rituelle Verhaltensmaßregeln innehalten mußte, mit denen gewöhnliche Männer nur gelegentlich zu tun hatten; mit einem Wort, der Blotmann sollte sich sein Leben lang so benehmen, als ob das ganze Jahr von Anfang bis zum Ende ein einziges Fest wäre. Die Heiligkeit des auserwählten Häuptlings kann

über die Zweckmäßigkeit die Oberhand gewinnen und zu priesterlicher Absonderung führen (...) Die Angelsachsen waren ein ganzes Stück weiter, sehen wir; sie hatten Priester, die nie einen Hengst reiten oder einen Speer schwingen durften. Was die südlicheren Nationen betrifft, sind unsere Nachrichten zu spärlich, um uns ein allgemeines Urteil zu erlauben«.

Erwartungsgemäß befinden wir uns hier in einem Spezialgebiet, zu dem natürlich sehr wenig in den Quellen erhalten ist. Wir müssen uns also teils mit Andeutungen zufriedengeben.

Über den Gott Baldr heißt es in der jüngeren Edda (Gylfaginning 22):

»Er ist der beste und wird von allen gelobt. Er ist so schön von Antlitz und so glänzend, daß ein Schein von ihm ausgeht (...) Er bewohnt im Himmel die Stätte, welche Breidablick heißt. Da wird nichts unreines geduldet«.

Als Baldr zur Hel fährt, weinen alle Götter, weil Baldr so rein und licht ist. Wir könnten sagen, Baldr ist „erleuchtet" und stellt damit auch ein Ideal selbst bei den Göttern dar. Ist es möglich, daß auch die Priester sich an diesem Ideal orientierten? Ich gehe davon aus. Die Landnámabók zum Allsherjargoden hatte ich schon zitiert (Seite 98), es heißt darin über Thorkel Máni den Lögsögumaðr und Vater des Allsherjargoden Thormod:

»Er hatte auch ein so reines Leben geführt, wie nur die frömmsten Christen«.

Wie konnte der Sagaschreiber der Landnámabók, vermutlich Ari Thorgilsson (1068-1148) das beurteilen? Nur nahestehende Menschen können sehen, ob ein Priester ein reines bzw. frommes Leben führt. Aber wenn im Volke allgemein bekannt ist, daß es für einen obersten Priester (Thorkel Máni war ja auch Allsherjargode) entsprechende Vorschriften gibt oder gab, dann kann auch ein Außenstehender so etwas schreiben, selbst dann, wenn er erst Jahre nach der heidnischen Zeit lebte.

Jordanis nannte die Priester in seiner Gotengeschichte die „Frommen" (pius) (siehe Seite 33f), was doch auch einen bestimmten „heiligmäßigen" Lebenswandel voraussetzt. Einen weiteren Hinwes auf eine kultische Reinheit des Priesters erkenne ich in dem Satz bei Tacitus[128]:

»Dort steht ein geweihter Wagen, mit Tüchern bedeckt; einzig der Priester darf ihn berühren«.

Abb. 37: Steinsäule von Wildberg (Württemberg).

Auch vom heiligen Pferd das im Tempel von Arkona gehalten wurde, heißt es (bei Saxo Grammaticus), daß nur der Priester es berühren durfte.

Warum durfte nur der Priester den Wagen oder das Pferd des Gottes oder andere Kultgegenstände berühren? Der Wagen ist heilig, es ist der Kultwagen der Göttin. Würde ein gewöhnlicher Mensch diesen berühren, würde der Wagen dadurch verunreinigt, die Heiligkeit würde gemindert oder ganz vergehen. Der Priester aber lebt nach den Gesetzen der Reinheit und Heiligkeit, seine Berührung kann dem heiligen Wagen nicht schaden. Gäbe es Reinheitsvorschriften für Goden nicht, hätte der Tacitussatz keinen Sinn, denn dann würde der Wagen auch durch die Berührung des Priesters verunreinigt werden. Desgleichen das heilige Pferd des Gottes von Arkona.

Auch die Heiligtümer erforderten, daß ihre Heiligkeit nicht durch Unreinheit der Besucher gefährdet werde, wie uns mehrfach überliefert ist. Hier ist eine Geschichte aus Island sehr bezeichnend. Es heißt in der Eyrbyggja Saga[129]:

»Er legte ein großes Gehöft bei der Tempelbucht an, daß er Tempelstedt nannte. Dort ließ er einen Tempel aufführen. Das war ein gewaltiges Gebäude (...) Da im Innern war eine große Friedensstätte (...) Thorolf nannte das Gebiet zwischen dem Vigrafjord und Hofsvog Thórsnes. Auf dieser Landzunge gab es einen Berg dem Thorolf so große Verehrung entgegenbrachte, daß kein Mensch ihn, ohne sich vorher gewaschen zu haben, anschauen durfte. Weder Vieh noch Mensch sollte auf diesem Hügel Schaden zugefügt werden, abgesehen von dem Vieh, das von allein dort hinaufging. Diesen Berg nannte er Helgafell [Heiligenberg] und er

glaubte, daß er in diesen Berg eingehen würde wenn er stürbe, wie auch alle seine Verwandten auf der Landzunge«.

Allein der Blick eines ungewaschenen Menschen verunreinigt also den heiligen Berg „Helgafjell", der mit seinen 53 Mtrn. noch heute weithin sichtbar ist. Doch weiter in der Saga:

»Dort aber, wo das Thorsbildnis ans Land gekommen war, auf dem schmalsten Ausläufer der Landspitze, ließ er alle Gerichtsverhandlungen abhalten und legte dorthin ein Bezirksthing. Auch diese Stätte war ihm so heilig, daß sie in keiner Weise besudelt werden sollte, weder durch Blutvergießen, noch dadurch, daß jemand dort seine Notdurft verrichtete. Für diesen Zweck aber war eine Felseninsel bestimmt, die man Dritsker nannte«.

Natürlich kommt es doch zu einer Verunreinigung durch die Kjallaklinge und zu einer blutigen Fehde, wie die Landnámabók berichtet[130]:

»Weil nun beide Teile nicht von ihrer Sache lassen wollten, war der Grund durch das Blutvergießen unheilig geworden. Da wurde beschlossen, das Thing von dort zu verlegen, und zwar weiter auf die Halbinsel hinauf, da wo es jetzt ist. Dort war damals eine große Heiligkeitsstätte [helgistaðr]«.

In der Folge wurden auch die Verunreiniger, die Kjallaklinge, für „unheilig" erklärt[131]:

»Die Leute von Thorsnes erklärten alle Kjallaklinge für unheilig wegen des Gesetzesbruchs, den sie auf dem geheiligten Thing verübt hatten«.

Der Ort mußte also rein gehalten werden, damit das Thing ungestört und unter Beistand der Götter abgehalten werden konnte. Und aus diesen Vorstellungen heraus erklärt sich eine Anweisung, die Óðinn selbst gibt (Hávamál 61):

*»Rein und gesättigt reit zum Thing,
Um schönes Kleid unbekümmert«.*

Helmold von Bosau, dessen Werk nur noch in Handschriften des 14. bis 16. Jh. erhalten ist (das Original wurde unter ungeklärten Umständen weggeschafft, da es der Theorie eines „Volkes der Slawen" widersprach) erwähnt einen heiligen Hain, den nur Opferwillige betreten durften[132]:

Abb. 38: Knieend betender Suebe mit gen Himmel gerichteten Armen. Römisches Figürchen der Kaiserzeit.

»Der Eintritt in den Hofraum war allen verwehrt, außer dem Priester und denen, die opfern wollten, oder die von Todesgefahr bedrängt wurden; denn diesen wurde Schutz und Zuflucht hier niemals verweigert. Die Sklaven [Heiden] haben nämlich solche Ehrfurcht vor ihren Heiligtümern, daß sie nicht dulden, daß der Bezirk eines solchen mit Blut, sei es auch von Feinden, befleckt werde«.

Und Saxo Grammaticus überliefert uns, daß der Priester im Tempel nicht ausatmen durfte, wenn er dort fegte. Er mußte also immer hinausgehen zum Ausatmen, um mit seinem durch die unreine Tätigkeit des Ausfegens verschmutzten Atem den Ort nicht zu entheiligen.

Auch ein tägliches Gebet des Goden im Tempel wird in einer Quelle erwähnt. In der Hardar Saga Grímkelssonar aus dem 13. Jh. wird von einem Thorsteinn Goldknopf erzählt; dieser war der Vater des Goden Refs und somit früher, bevor das Amt an seinen Sohn überging, selbst Gode. Seine Frau war die besonders zauberkundige Hexe Thorbjörg Katla. Dieser Thorsteinn hatte die Angewohnheit, jeden Morgen in sein Götterhaus (Privattempel) zu gehen und dort vor einem bzw. zu einem Stein zu beten. Das erinnert uns an die morgendliche Puja (Gebetszeremonie) indischer Priester, und auch das kleine Figürchen eines betenden Sueben können wir in diesen Vorstellungskreis einordnen (Abb 38). Thorsteins Gegner wissen von dieser Gewohnheit und nutzen dieses Wissen, um ihm aufzulauern. Es heißt in der Hardar Saga Grímkelssonar[133]:

»Dort stieg er [Indridi] vom Roß und ging den Indridisteig hinunter am Hofe entlang und wartete dort, bis Thorsteinn nach seiner Gewohnheit seinen Tempel aufsuchte. Thorsteinn kam und ging in den Tempel und fiel vor dem Steine nieder, dem er opferte und der dort in dem Tempel stand, und betete davor«.

In der Saga heißt es, daß Thorsteinn zum Stein betete und der Stein antwortete sogar mit einer Strophe. Das ist vermutlich der Eingriff eines christlichen Sagaerzählers, der die dort im Tempel verehrte Gottheit nicht nennen wollte und es so veränderte, als sei der Stein das Objekt der Verehrung.

Vereinzelt werden in den Quellen besondere Verbote oder auch Erlaubnisse genannt, die für Priester galten.
Beda hatte vom Verbot des Tragens von Waffen oder des Reitens eines Hengstes für den Opferpriester der Angelsachsen berichtet (Seite 97). Jordanis hatte gleichfalls unbewaffnete Priester erwähnt, die selbst zum Zeit-

punkt einer Belagerung keine Waffe führten (Seite 33f). Das Verbot des Tragens von Waffen im Tempel (und zeitweilig auch auf dem Thing) ist damit gut bezeugt.

Sonderrechte der Priester sind wenige überliefert. Sie dürfen sitzen, während die anderen beim Blót stehen müssen, und sie dürfen ihre Kopfbedeckung aufbehalten. Sie dürfen das Heiligtum jederzeit betreten, was anderen verboten ist. Der Priesterin Veleda durften nur Vertraute bzw. Verwandte nahen.

Diese wenigen Andeutungen müssen genügen, sie sind Indizien dafür, daß es Reinheitsgebote und bestimmte Lebensregeln mit Verpflichtungen auch für germanische Priester gegeben hat. Wie diese im Einzelnen aber aussahen, können wir nur vermuten.

Allgemein geht es meist um diese Regeln:

- Täglich die Gebetszeiten einhalten
- Die Jahresfeste zelebrieren
- Sich jedes Streites zu enthalten
- Sich nicht schlagen
- Eine besondere Ernährung
- Verbot sich bei Toten aufzuhalten
- Sexuelle Zurückhaltung üben
- Sich regelmäßig waschen
- Besondere Kleidung tragen
- In den heiligen Schriften lesen

Der Priester bezieht seine besondere Kraft aus dreierlei Dingen:

- Die Weihe, bei der er Kraft von seinem Lehrer erhielt,
- Der reine Lebenswandel, der ihm die Nähe der Götter ermöglicht,
- Das regelmäßige Opfern, die Verbindung zu den Göttern.

Wenn ein Mensch diese drei Dinge nicht einhält, dann ist er kein Priester und hat die nötige spirituelle Kraft eines Priesters nicht. Seine Kulte bleiben unwirksame leere Zeremonien und erreichen die spirituellen Lichtwesen nicht. Es besteht sogar die Gefahr, daß so ein Mensch statt Gottheiten schädigende Dämonen herbeiruft.

9.
Die Stammespriesterin Veleda

In den altiken Quellen wird zuweilen eine Priesterin oder Seherin Veleda erwähnt, die ich für eine Stammespriesterin (Allsherjargydja) mehrerer Stämme halte, da sie bei einem Heiligtum lebte und an politischen Verhandlungen beteiligt war. Wie sie gewirkt hat, und vielleicht auch andere Stammespriester einst wirkten, können wir an den wenigen Quellen über sie sehen. Der bekannte Forscher Jan De Vries schreibt über Veleda[134]:

»Übrigens ist mit Hinsicht auf die Funktion dieser Veleda zu bemerken, daß sie nicht zu den aus den magischen Kreisen hervorgegangenen Seherinnen gehört haben wird, sondern vielmehr als eine Priesterin betrachtet werden soll«.

Der Name „Veleda" oder „Weleda" ist nicht eindeutig geklärt, aber die meisten sehen ihn als eine Art Titel oder Bezeichnung für Priester. „Ve" („geweiht, heilig") könnte sich dabei auf das Heiligtum beziehen, dem Veleda vorstand, „leda" könnte „Leiterin" oder (zu runisch „lethro" auf dem goldenen Diadem von Strårup) „die Ledernde" bedeuten. Damit ist ein Ledergürtel gemeint, den man aus magischen Gründen trug. Der Name erinnert aber auch an das nordische „Völva" (Seherin), das im Süden als Vala oder Wala bekannt war. So ist bei dem Namen Veleda ein Kompositum wie „Valaheid" oder „Velheid", also „Prophetin", möglich. Auch von „villian" hat man den Namen abgeleitet, einem ehrenden Beinamen, der „Güte, Wohlwollen, Gnade" bedeutet. Neuere Deutungen bringen „Veleda" mit dem keltischen Druidentitel „fili(d)", „Dichter, Gelehrter" zusammen, sowie mit kymrisch „gwel(e)d", „sehen" doch scheint das etwas weit hergeholt zu sein.

Veleda war sicher die oberste Stammespriesterin des Stammes der Bructerer, die in der Gegend nördlich der Lippe, bis zur oberen Ems und des Teutoburger Waldes lebten (siehe Karte Abb. 39). Das Hauptheiligtum lag am Rande des Gebietes und war für mehrere Stämme, auch die Marser und Chaucen. Veleda ist ein gutes Beispiel für das Wirken einer Allsherjargydja (Stammespriesterin) in der Zeit der Kämpfe mit den Römern.

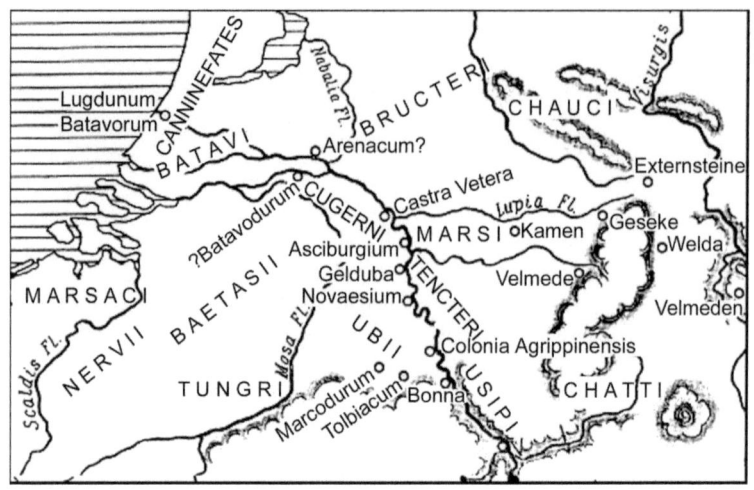

Abb. 39: Karte der Stämme am Rhein zur Zeit Veledas.

Es gab damals Auseinandersetzungen des ursprünglich mit Rom verbündeten Stammes der Bataver (im heutigen Holland) und ihren Anführer Julius Civilis, einem ehemaligen römischen Offizier, mit den romverbündeten Agrippinensern (Kölnern). Die Römer hatten schon den Bruder von Civilis unter falschen Anschuldigungen hingerichtet und Civilis selbst mit verschiedenen Verfahren bedacht. Ihn hinzurichten getrauten sie sich aber nicht, da sie einen Aufstand befürchteten. Nachdem im Jahre 68 Kaiser Nero gestorben war, und in allen Provinzen Roms Nachfolgekämpfe unter den Statthaltern stattfanden, wurde am 2. Januar des Jahres 69 der Oberkommandierende der Rheinarmee, Aulus Vitelius, von seinen Truppen zum Kaiser ausgerufen. Er schickte deshalb einen Teil seiner Truppen nach Rom, um seinen Anspruch gegenüber den anderen Thronkandidaten durchzusetzen. Diese Chance nutzte Civilis, um sich mit seinem Stamm der Bataver gegen die nun geschwächten Römer zu erheben, was im Jahre 69 u. Zt. auch geschah. Civilis ließ Veleda befragen, ob der Kampf erfolgreich sein werde, und schickte als Geschenk einen gefangenen römischen Legationslegat der XV. Legion. Tacitus schreibt darüber[135]:

»Der Legionslegat Munius Lupercus wurde unter anderen Geschenken der Veleda gesandt. Diese, eine Jungfrau aus dem Stamme der Bructerer, besaß eine ausgebreitete

Herrschaft nach althergebrachter Sitte der Germanen, wonach viele Frauen für Prophetinnen und, bei steigendem Aberglauben, für Göttinnen gehalten wurden. Und das Ansehen Veledas wurde damals immer größer, denn sie hatte den Germanen Glück und die Vernichtung der Legionen vorhergesagt«.

Daß sie hier als Jungfrau bezeichnet wird, deutet vielleicht darauf hin, daß damals Jungfräulichkeit von einer solchen Priesterin gefordert war. Daß sie mit einer Göttin verglichen wurde, deutet der Forscher Paul Hermann dahingehend, daß Tacitus hier die germanische Priesterbezeichnung „Gode" oder „Gydja" statt auf die Götter, irrtümlich auf die Priesterin bezogen habe[136]. Wenn das stimmt, muß Veleda eine derartige Bezeichnung getragen haben und da sie oberste Stammespriesterin mehrerer Stämme war, muß ihre Bezeichnung den Bestandteil „-gydja" enthalten haben. Möglicherweise gab es damals also schon eine ähnliche Bezeichnung wie das nordische „Allsherjargydja".

Als Veleda dem Aufstand gegen die Römer ein glückliches Gelingen vorhergesagt hatte, beteiligten sich auch die rechtsrheinisch lebenden Bructerer und Tencterer am Kampf gegen die Römer.

Civilis bildete ein gallisch-germanisches Fürstentum, wo Veleda die Rolle einer Schiedsrichterin innehatte. Durch das zusätzliche Eingreifen der Treverer gelang es den Germanen bis zum Jahr 70, alle Kastelle nördlich von Mainz zu erobern und zu zerstören. Das mit Mauern befestigte, vom Stamm der Ubier und römischen Kolonisten bewohnte Opidum Colonia Agrippinensis, das heutige Köln, war nicht angegriffen worden. Die Tencterer stellten aber eine Reihe von Forderungen, andernfalls werde das Opidum Colonia Agrippinensis angegriffen werden. Die Agrippinenser aber, ohne den Schutz ihrer römischen Verbündeten, waren bereit, sich einem Schiedsspruch der Veleda zu unterwerfen. Tacitus protokolliert die Rede der Agrippinenser so[137]:

»„Ihr möget unbewacht herüberkommen, doch bei Tage und unbewaffnet, bis die neuen und noch jungen Rechte durch Gewohnheit alt geworden sind. Schiedsrichter seien uns Civilis und Veleda, von welchen der Vertrag bestätigt werde". Als man die Tencterer so besänftigt hatte, schickte man Gesandte mit Geschenken an Civilis und Veleda ab, und sie setzten alles durch, wie es die Agrippinenser wollten. Nur persönlich Veleda zu nahen und sie anzureden, wurde ihnen abgeschlagen. Man hielt sie fern von ihrem Anblick, damit ihre Ehrfurcht noch größer würde. Sie selbst befand sich auf einem hohen Turme; ein aus ihren Verwandten Auserkorener überbrachte wie eine Mittelsperson Frage und Antwort der Gottheit«.

Daß man Veleda als Schiedsrichterin nahm, beweist nicht nur ihr hohes Ansehen auch außerhalb ihres Stammes der Bructerer, sondern ist ein Hinweis, daß sie tatsächlich eine Priesterin war, da Priester ja auf der Thingversammlung den Rechtsgang leiteten und auch Schiedssprüche fällten. Mit „Gottheit" ist nicht Veleda, sondern sind die Götter, die sie befragt hatte, gemeint. Ihr Wohnsitz auf einem hohen Turme in der Nähe der Lippequellen hat zu vielen Deutungen geführt, da man regelrechte hohe Türme in Germanien nicht errichtete. Man hat die Hünenkirche bei Kohlstädt als diesen Turm sehen wollen, doch ist diese viel zu jung.

Es scheint viel wahrscheinlicher, daß hier der Turmfelsen der Externsteine gemeint ist. Denn die Externsteine waren das Haupheiligtum mehrerer Stämme und die Felsen waren nachweisbar mit Holzgebäuden überbaut, Spuren der Balkenlager sind noch heute sichtbar. Ein Kupferstich der Externsteine von Fritsch, der aus dem Jahre 1730 stammt, hat neben dem 2. Felsen die Bezeichnung „Veledaturm" (siehe Abbildung 40). Wenn Fritschs Interpretation zutrifft, wird auch verständlich, warum niemand der Veleda nahen durfte: Es war ein Heiligtum, das nur von betimmten auserwählten Personen betreten werden durfte.

Abb. 40: Kupferstich der Externsteine von Fritsch 1730 mit der Bezeichnung „Velledaeturris" oder „Velledaeturras" („Veledaturm") an Felsen 2 sowie einem Hinweis auf Ovids Werk Tristia.

Die Ubier, die, wie sich bald zeigte, die Rückkehr der Römer fürchteten, boten an, die Zölle aufzuheben und den germanischen Stämmen am Tag die freie Durchfahrt durch die Stadt zu gewähren. Auf mehr wollten sie nicht eingehen.
Veleda rettete mit ihrem Spruch, in welchem sie den Tenctereren die Annahme des Vorschlags der Ubier empfahl, die Stadt vor der Zerstörung.

In dem Krieg der Römer mit den Germanen ging es nun weiter, daß der römische Legat Petilius Cerialis aus Britanien mit seinen Soldaten kam, und zusammen mit den Ubiern gegen die Bataver, Tencterer und Bructerer kämpfte. Die Bataver erbeuteten bei einem nächtlichen Überfall im Jahre 70 einige römische Schiffe. Cerialis hatte sich, kurz bevor die Bataver angegriffen hatten, an Land zu einem Stelldichein mit einer verheirateten Kölnerin mit dem Namen Claudia Sacrata in ein Zelt begeben und entging so der Tötung durch die Gegner. Civilis schickte das erbeutete Flaggschiff der Veleda. Tacitus schreibt[138]:

»Am hellen Tage fuhren die Feinde mit den genommenen Schiffen zurück und zogen das Flaggschiff, einen Dreiruderer zum Geschenk für Veleda die Lippe hinauf«.

Bleibt die Frage, was Veleda mit einem Schiff anfangen sollte, das für die schmalen Flüsse wie die obere Lippe sicher ungeeignet war. Vermutlich hätte es als Bestattungsbeigabe dienen können. Oder Veleda nutzte das Schiff für ihre Reisen zwischen den Stämmen.

Civilis mußte sich schließlich vor der römischen Übermacht zurückziehen. Die Römer wollten aber Frieden, um ihre militärischen Kräfte dort nicht zu binden. Tacitus schreibt weiter[139]:

»Cerialis bot nämlich durch geheime Unterhändler den Batavern Frieden, dem Civilis Verzeihung an, und er gab der Veleda und ihren Verwandten zu verstehen, sie möchten das durch so viele Niederlagen ihnen widrige Geschick des Krieges durch einen dem Römervolke zur rechten Zeit erwiesenen Dienst zu ändern suchen«.

Cerialis wollte also Veleda dazu anstiften, romfreundliche Prophezeihungen zu geben, d. h. falsche Göttersprüche zu verkünden und schickte seine Gesandtschaft mit Geschenken zu Veleda, so wichtig war sie. Wie Veleda entschied, ist nicht überliefert, da Tacitus' Bericht hier abbricht. Doch es ist wahrscheinlich, daß sie als germanische Priesterin nicht auf dieses unethische Ansuchen eingegangen ist. Das war sicher der Grund, daß sie bei den Römern in Ungnade fiel. Wäre sie nämlich auf das römische Ansinnen eingegangen, wäre sie sicher nicht in Ungnade gefallen.

Es gibt auch Sagen über Veleda, deren Wahrheitsgehalt allerdings fraglich ist. Danach soll Veleda auf der Flucht vor den Römern in eine große Bogenhalle über der Stadt Velmede an der Ruhr (heute ein Ortsteil der Gemeinde Bestwig) eingezogen sein. In einer der tiefen Spalten der Velmelder Höhle, die eine Kulthöhle ist und eigentlich „Hollenloch" heißt, saß sie und gab den Menschen weiterhin ihre Vorhersagen[140]:

»In stürmischer Nacht zog einst Veleda, die berühmte germanische Seherin aus dem Stamme der Bructerer in die große Bogenhalle über der Stadt Velmede ein. Bisher hatte die ehrfurchtsgebietende Gestalt der Drude auf einem Turm am unteren Lauf der Ruhr gewohnt. Vor den Verfolgungen der Römer zog sie flußaufwärts, um in der Velmeder Höhle der Weissagung geheimnisvolle Gabe zu pflegen. Hierhin kamen die Menschen von weit und breit, warfen sich nieder in der weiten Höhle und starrten nach dem dunklen Schlunde, der im Hintergrunde der Höhle senkrecht in die Tiefe führt. Wirft man einen Stein hinab, so schlägt er hundertmal am Felsgestein auf, ehe er plätschernd tief unten in dunkelrauschenden Gewässern verschwindet.
Aus diesen Spalten kam die ernste Seherin, wenn sie, weit vorgebeugt, den Willen der ewigen Götter im zischenden, kochenden Grunde erfahren hatte. Heute noch rufen die Jungfrauen in den Spalt hinab: „Veleda, gib mir einen Mann!" Und von unten herauf antwortet es stets: „Han".
Später ist man in den Spalt hinabgestiegen, trotz der unten drohenden Wasser, und fand eine Seitenkluft, durch die man in eine große, weite und herrliche Höhle gelangte. Sie war prächtiger als die obere Höhle, ringsum verziert durch die eigenartigen, feuchtglänzenden Tropfsteingebilde, die von Decken und Wänden herabhängen.
Vieles weiß man aber auch von den weißen Jungfrauen, den Hollen, zu erzählen, die gleich der Veleda die Zukunft in dieser einsamen Berghöhle erforschten, woher sie heute noch den Namen „Hollenloch" führt«.

Auch Riesen sollen nach einer Sage in der Höhle gelebt haben. Noch vor 100 Jahren war es Brauch, daß man am Ostersonntag vor dem Entzünden des Osterfeuers in einer Prozession ohne christliche Zeichen zur Höhle ging, in der Höhle betete und Osterlieder sang und jeder, der in der Höhle war, warf einen Stein von der oberen Höhle hinunter in die untere Höhle. Auch wurde von der Höhe des Wasserstandes in der Höhle auf ein fruchtbares oder unfruchtbares Jahr geweissagt. Dann ging es zurück und man kam nach Velmede vor dem Vesperläuten.
An der zitierten Sage aber stimmt nicht, daß Veledas Wohnort an der

Ruhr gelegen haben soll, denn diese Region gehörte nicht mehr zum Stamme der Bructerer.

Die Höhle heißt seit alters her auch Veledahöhle, und der Ortsname Velmede wurde – wie vier andere Ortsnamen aus dem Wirkungsgebiet der Veleda – auf die Priesterin Veleda bezogen. Diese hätte nicht „Veleda", sondern „Velmeda" geheißen, und da im Lateinischen ein „lm" hinter und vor dem „e" nicht existiert, sei daraus „Veleda" geworden.

Wenn also „Veleda" eigentlich „Velmeda" geheißen hat, dann ist eine Strophe der älteren Edda, Hyndluljóð 32, interessant, die auch in der jüngeren Edda, Gylfaginning 5, zitiert wird. Sie lautet:

»Die Völven alle stammen von Viðólfr
Alle Vitkis sind von Vilmeiðr.
Die Zeichenrater von Svarthöfði,
Die Jotnar alle aber von Ymir«.

„Viðólfr" bedeutet „Wissens-Wolf" oder „Zauber-Wolf", möglicherweise ist es ein Name des Gottes Óðinn, Vitkis sind Zauberer, und diese stammen von Vilmeiðr. Der altnordische Name „Vilmeiðr" lautete vor dem 4. Jh. „Velmedez" und scheint dann durchaus zu „Velmeda" zu passen. Er bedeutet „Wunsch-Baum" (auch eine Umschreibung einfach für „Mann") oder „Wunsch-Balken" und könnte den Weltbaum bzw. Óðinn am Weltbaum bezeichnen. Vermutlich aber ist „Vilmeiðr" männlich und nicht ein Name der Allsherjargydja Veleda.

Der Chronist von Velmede bei Kamen erzählt, daß ein hoher Turm unweit der Römerburg Aliso (der Nachbarort von Oberaden) Veledas Wohnung gewesen sein soll. Vor Jahrzehnten habe noch im Volke unweit dieser Römerburg Aliso die Sage gelebt, daß die weissagende Frau auf „Haus Velmede" gewohnt habe.

Die fünf Orte, deren Namen auf Veleda deuten, liegen jedenfalls sämtlich im Wirkungsgebiet der Priesterin: Velmelde bei Kamen sowie die heutige Wüstung Velmelde bei Geseke lagen im Gebiet der Bructerer, Welda in der Warburger Gegend gehört zum Bereich der den Bructerern benachbarten Cherusker, Velmede an der Ruhr mit der erwähnten Veledahöhle (siehe Abb. 41) und Velmeden bei Cassel liegen nicht weit ab vom Lande der Bructerer und können gut als Zufluchtsorte vor dem Krieg vorgestellt werden. Die fünf Orte sind in der Karte, Abb. 39, S. 114 eingetragen.

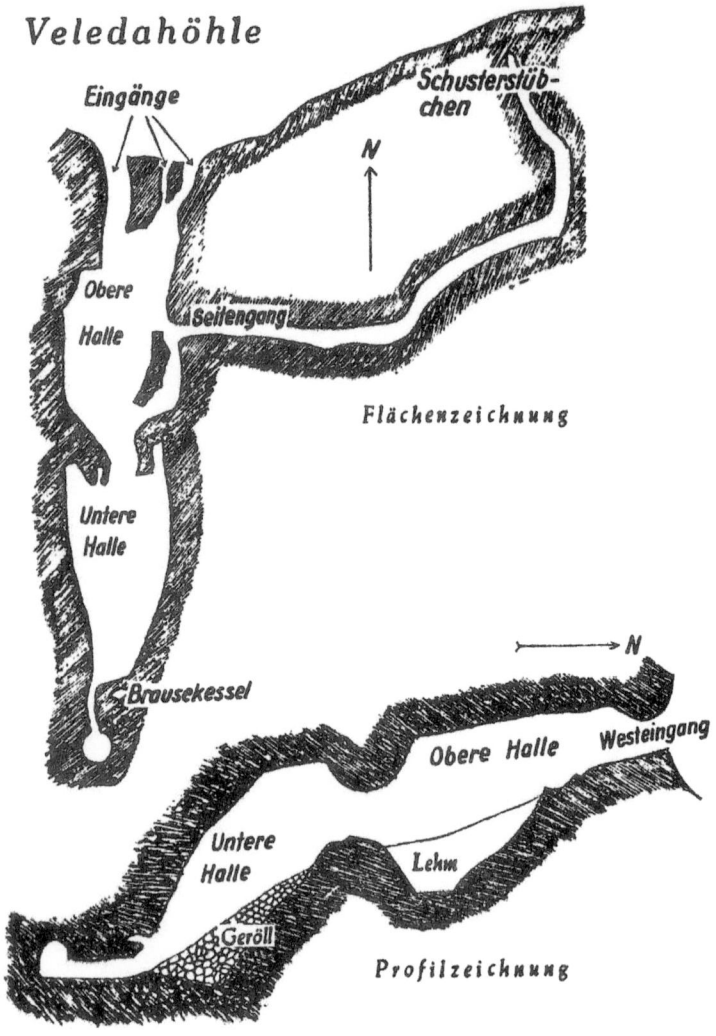

Abb. 41: Plan des sog. „Hollenlochs" oder „Veledahöhle" bei Velmede an der Ruhr.

Doch zurück zu Veleda. Sie war bei den Römern in Ungnade gefallen und war sowieso eine stetige Gefahr, da sie die Macht hatte, die Stämme gegen

Rom aufzurufen. Sie wurde also wahrscheinlich gesucht und leider auch gefunden. Jedenfalls gibt es über Veleda dann die Überlieferung in einem Gedicht des um 40 geborenen und um 96 u. Zt. gestorbenen römischen Dichters Publius Papinius Statius[141], das den Satz enthält:

»Die Bitten der gefangenen Veleda«,

so daß Veleda also im Jahre 77 Gefangene der Römer gewesen sein muß. Sie wurde danach sicher nach Italien deportiert. Wie das im Einzelnen zugegangen ist, wissen wir nicht, vermutlich wurde sie in Rom bei dem Triumph über die Bataver als Kriegsgefangene oder Geisel mitgeführt. Hier konnte sie Tacitus dann selbst sehen. Er schreibt[142]:

»Die Germanen glauben sogar, den Frauen wohne etwas Heiliges und Seherisches inne; deshalb achten sie auf ihren Rat und hören auf ihren Bescheid. Wir haben es ja zur Zeit des verewigten Vespasian erlebt, wie Veleda lange Zeit bei vielen als göttliches Wesen galt. Doch schon vor Zeiten haben sie Albrinia und mehrere andere Frauen verehrt, aber nicht aus Unterwürfigkeit und als ob sie erst Göttinnen aus ihnen machen müßten«.

Auf der Markussäule ist eine germanische Priesterin auf einem Wagen dargestellt, die in einer Haltung sitzt, die an eine Gefangene erinnert (Siehe Abb. 42). Möglicherweise ist das ein Bild des Triumphzuges über die Bataver, bei dem Veleda dabei war. Daß irgendeine unbekannte Priesterin dargestellt sein sollte, hätte keinen Sinn, zumal eine Priesterin selten freiwillig nach Rom kam.

Am 20. Dezember des Jahres 69 wurde der Einjahreskaiser Aulus Vitelius getötet und sein Nachfolger war Kaiser Titus Flavius Vespasianus. Die Römer hatten die Rheinkolonien zurückgewonnen und die Bructerer besiegt. Im Jahre 83 oder 84 mußten die Bructerer einen romfreundlichen Fürsten akzeptieren.

Veledas Schicksal wäre für uns unbekannt, wenn nicht im Jahre 1926 ein Fund gemacht worden wäre, der mit Veleda in Verbindung steht. Bei Ausgrabungen im Juno-Regina-Tempel der etwa 60 km südlich von Rom gelegenen Stadt Ardea in Latium fand man ein nur 6,5 cm großes Marmorfragment mit einer griechischen Inschrift, die an Hand der Zeichenformen auf das 1. Jh. bezeitet werden konnte. Das Fundstück hielt man zunächst für unbedeutend und es verschwand für 20 Jahre in einem Archiv-

Abb. 42: Trauernde germanische Priesterin auf einem Wagen sitzend, möglicherweise die gefangene Veleda im Triumphzug anläßlich des Sieges der Römer über die Bataver. Darstellung von der Markussäule, Rom.

keller. Als man es endlich genauer betrachtete, war es eine kleine Sensation, denn die Überschrift lautet „Βελήδαν" („Beledan", der Rest der Zeile ist verloren), muß also auf Veleda bezogen werden. Darauf deutet auch der weitere Text:

»Beledan (...) Die lange, aufgeblasene Jungfrau,
die die Rheinwassertrinker verehren«.

„Rheinwassertrinker" ist ein Spottwort für die Rheingermanen. Der ganze Text ist ein in Versen geschriebenes Spottgedicht.

Die weitere Übersetzung ist umstritten, Wörter und Buchstaben fehlen. Das führte zu den verschiedensten Deutungen. Zwei der am wahrscheinlichsten klingenden haben eines gemeinsam: den gesellschaftlichen Abstieg der großen Seherin:

»... damit Du [gemeint ist Kaiser Vespasian] sie nicht beschäftigungslos fütterst, soll sie fegen und die Bronzelampe des Tempels schneuzen«,

heißt es in der einen Version, in der anderen wird darauf hingewiesen, daß ihre Weissagekunst nur wirken könne, wenn das Geld im Kasten klingt.

Da man ein Spottgedicht sicher nicht auf anerkannte und geehrte Personen verfaßt, scheiden nun alle Theorien, wonach Veleda freiwillig oder als politisch Verfolgte in Italien lebte, aus. Vielmehr macht die Inschrift deutlich, daß die große Stammespriesterin und Seherin nun im Juno-Regina-Tempel niederen Dienst verrichten mußte, sie mußte Kehren und die Bronzelampen putzen. Daß sie in der Nähe Roms blieb, liegt vielleicht daran, daß sich Vespasian die Möglichkeit offen lassen wollte, von ihr bei Bedarf Weissagungen erhalten zu können oder er brauchte sie als Geisel gegen aufmüpfige Germanen. Denn – auch das zeigt das Spottgedicht – Veleda wurde immer noch verehrt; möglicherweise pilgerten Germanen zu ihr nach Ardea. Solange sie dabei in der Gewalt des Kaisers blieb, konnten die Germanen nicht wagen, sich gegen Rom zu erheben, da er sie sonst hätte töten lassen. So wird Veleda als gefangene Tempeldienerin im Lande der Feinde ihr Leben in Armut und gedemütigt beendet haben. Immerhin scheint sie ihrer Hauptgöttin treu geblieben zu sein. In Velmede an der Ruhr soll sie ja im „Hollenloch" gesessen haben, also Frau Holle (die Göttin Fria-Frick) verehrt haben. In Rom dann lebte sie im Tempel der Juno Regina, also wiederum die Himmelskönigin Fria, die der Göttin Juno entspricht.

Neben dem Bild von der Marcussäule gibt es ein anderes Bild, das eventuell Veleda zeigt. Es handelt sich um ein Kalksteinrelief vom Sockel eines Säulenumgangs im Mainzer Legionslager (1. Jh.), und zeigt eine trauernde Germanin – auch hier könnte es sich um die trauernde Veleda handeln, da diese Germanin ein seltsames, netzartiges Untergewand trägt das sie als besondere Person hervorhebt (Abb. 43).

Abb. 43: Kalksteinrelief von Mainz mit trauernder Germanin, 1. Jh. Das Bild zeigt möglicherweise die Priesterin Veleda, die wegen ihrer Gefangennahme trauert. Das netzartige Gewand ist sehr ungewöhnlich.

10.
Hexen und Zauberer

In diesem Kapitel möchte ich noch kurz einen Blick auf Vertreter der magischen Funktion, also Hexen, Zauberer usw. werfen. Sie waren natürlich keine Priester, aber betrieben eine in das heidnische Weltbild eingebettete Magie, ähnlich wie zuweilen auch die Priester selbst magisch tätig wurden. Oft sind beide Gebiete, Priestertum und Zauber, für uns gar nicht mehr sicher zu trennen, wie im Falle der Veleda.

Neben Veleda erwähnte Tacitus eine weitere Seherin namens „Aurinia" oder „Albrinia"; diesen Namen deutet man als „Albruna" („die mit dem Runenzauber der Alben begabte") oder „Aliruna" („die anders, unverständlich Raunende").

Eine andere bekannte Seherin war „Ganna", die im 1. Jh. lebte. Sie war jungfräulich und hatte politischen Einfluß. Cassius Dio schrieb um 230 u. Zt. über Ganna[143]:

»Masyos, König der Semnonen, und Ganna, eine Jungfrau, die nach Veleda in Germanien als Seherin aufgetreten war, kamen zu Domitian, wurden von ihm ehrenvoll behandelt und dann wieder zurückgebracht«.

Ihr Name, „Ganna" (eigentlich „gandnó") bedeutet „Stab", denn der „Gandr" ist der große Zauberstab. Die Ableitung von „ginn" („Gunst", althochdt. „Giunnan", „gönnen", schwed. „Gynnare", „Gunst") ist weniger glaubhaft.

In der Langobardensage finden wir eine Seherin „Gambara", sie betete zu Fria für den Sieg der Vinuler über die Vandalen. Der Name „Gambara" leitet sich ab von „gandbera", „Trägerin des Gand", vielleicht aber auch von althochdt. „Gambri", „Scharfsinn". Die Stammesnamen der Sugamber und vielleicht die Cimbern enthalten den gleichen Bestandteil.

Noch eine weitere Seherin erwähnt Cassius Dio, ohne den Namen zu nennen[144]:

»Eine Frau, die größer war als Menschenmaß, trat ihm [Drusus] entgegen und rief: „Wohin treibt es dich denn, unersättlicher Drusus? Es ist dir nicht bestimmt, dies alles zu sehen. Kehr um! Denn für dich ist jetzt das Ende deiner Taten und deines Lebens gekommen!"«.

Jordanis erwähnt um 551 gleichfalls Zauberinnen[145]:

»Filimer, König der Goten (...) erfuhr von dem Aufenthalt gewisser Zauberweiber in seinem Volk, die er selbst in seiner Muttersprache Haliurunnas nennt. Da er sie selbst für verdächtig hielt, vertrieb er sie und nötigte sie, fern von seinem Heer in Einöden umherzuirren«.

Der Begriff „Haliurunnas", althochdt. „Helliruna", altengl. „Hellerúne, helrúna" (im Beowulf-Epos) bedeutet „Helraunerinnen" oder „Totenbeschwörerinnen" („halja", „Totenreich").

Aber es gab nicht nur Seherinnen, sondern auch Seher. Kaiser Domitian hörte am Morgen seines Todestages einen Seher oder Eingeweideschauer („haruspex"), der ihm aus Germanien geschickt war; da dieser von ihm wegen eines Blitzschlages befragt, einen Umschwung der Dinge prophezeihte, verurteilte er ihn zum Tode.

Eine germanische Zauberin und Seherin hieß im Norden „Völva"; diese Bezeichnung bedeutet wörtlich „Stabträgerin" und noch genauer „Rundstabträgerin" (altnord. „völr", „runder Stab", germ. „*walus", vgl. „gewellt"). Oft wird so eine Völva auch zusätzlich „Spákona" („Seherin") genannt. Wie so eine Völva aussah, erzählt die aus dem frühen 13. Jh. stammende Eiriks Saga rauða[146]:

»Sie trug einen blauen Mantel mit Spange. Der war bis zum Saum besetzt mit kostbaren Steinen. Um den Hals hatte sie Glasperlen. Auf dem Haupt trug sie eine Haube von schwarzem Lammfell, innen mit weißem Katzenfell gefüttert. In der Hand hielt sie einen Stab mit einem Knauf oben. Der war mit Kupfer eingelegt, oben am Knauf aber in Steine gefaßt. Um den Leib hatte sie einen Gürtel mit Zündschwamm, und daran hing ein großer Lederbeutel, indem sie die Zaubermittel trug, die sie für ihre Weissagung benötigte. Sie hatte an ihren Füßen zottige Kalbfellschuhe mit langen und starken Riemen, sowie großen Messingknöpfen an ihren Enden. An den Händen aber Handschuhe aus Katzenfell, die innen weiß und zottig waren (...) Sie hatte einen Messinglöffel und ein Messer mit einem Griff aus Walroßzahn, an diesem zwei Kupferringe. Die Spitze war abgebrochen«.

Abb. 44: „Cybele Valva" (Völva Cybele), Eddahandschrift des Ólafr Brynjólfsson von 1760.

Schon in der Edda finden wir Völvas erwähnt, so in der Völuspá 22 die Völva Heiðr:

»Heið hieß man sie, wo sie zum Hause kam,
Die wohlspähende Völva, sie wußte Gandr;
Seiðr konnte sie, mit Seiðr sie (den Sinn) betörte;
Immer war sie die Wonne leidiger Weiber«.

Die Völva Heiðr ist diejenige Völva, die die ganze Völuspá erzählt. Die Handschrift des Ólafr Brynjólfsson der jüngeren Edda von 1760, die auf eine verlorene Vorlage von 1665 zurückgeht, hat eine Abbildung mit der Überschrift „Cybele-Valva" (Völva Cybele), die die Völva darstellen soll, die die Völuspá erzählt, nämlich Heiðr (siehe Abb. 44). Der Name des Eddaliedes Völuspá bedeutet ja „Völva-Spähung" also „Vision der Völva". Gandr ist der mit dem Zauberstab ausgeführte Zauber, Seiðr ist eine bestimmte Form des Zaubers.

Die Völva wurde später eher negativ betrachtet, so daß man den Text in den jüngeren Handschriften um die eingeklammerten Worte ergänzte. Der Text ist zudem doppeldeutig: In Zeile 4 kann man es so verstehen, daß diese Völva mit unangenehmen Weibern Umgang hatte. Aber es kann auch heißen, daß sie die Hilfe für leidende (kranke) Frauen war, denn als Völva konnte sie sicher auch Heilzauber ausführen.

Die Völva Heiðr ist übrigens eine geschichtliche Person, sie lebte zur Zeit des dänischen Königs Fróði vor 2000 Jahren in Jellinge, einem Hauptheiligtum in Dänemark. Hier erfuhr sie ihre große Vision über den Anfang und Untergang der Welt, teilte diese mit und die Diener des Königs schrieben das auf oder lernten es auswendig. So entstand die Urfassung der Völuspá[147]. Später erscheinen weitere Seherinnen, die „Heiðr" genannt wurden, so daß man gefolgert hat, „Heiðr" („heiter, strahlend") sei eine Art Ehrentitel für Seherinnen. Es kann aber auch sein, daß die Sagaerzähler einfach nur den bekannten Namen der ersten „Heiðr" immer wieder erneut verwendeten.

Auch in dem Lied Baldrs Draumar (Vegtamsqviða) Str. 8 wird eine Völva erwähnt, die später im Liede als Riesin bezeichnet wird. Óðinn erweckt sie im Totenreich, um mehr über Baldrs Schicksal zu erfahren:

»Da ritt Óðinn ans östliche Tor,
Wo er der Völva wußte den Hügel.

*Der Weisen begann er Valgaldr zu singen,
(Nach Norden schauend schlug er mit dem Stabe,
Sprach die Beschwörung Bescheid erheischend)
Bis gezwungen sie aufstand Todesworte verkündend«.*

„Valgaldr" ist ein Zauber zur Erweckung der Toten. In diesem Vers wird Óðins Zauberstab erwähnt. In Lokasenna 20 nutzt Óðinn den Stab, um damit eine Zaubertrommel zu schlagen:

*»Du schlichest, sagt man, in Sámsey umher
Und schlugst die Zaubertrommel mit dem Völor.
Vermummter Vitki, trogst du das Menschenvolk:
Das dünkt mich eines Argen Art«.*

Hier finden wir außerdem auch noch den Ausdruck „vitki" („Wissender") für Zauberer. Das Wort hängt mit althochdt. „Wizago" oder „wizzigo" zusammen, angelsächsisch „vicce", niedersächsisch „Wikkerske", englisch „Witch" („Hexe", eigentlich „die Wissende"). Zuweilen kommt auch der Begriff „vielwissend" („fiölkunnigr") für „zauberkundig" vor.

Im Eddalied Hárbarðsljóð 20 bezaubert Óðinn den Riesen Hlébarðr mit dem Stab „gambanteinn", wobei „gamban" magische Potenz bedeutet.

In den Fjörutiu Islendinga Thaettir, dem Orms Tháttr Stórólfssonar aus dem späten 13. Jh. lesen wir[148]:

»In jenen Zeiten war es Brauch, daß solche Frauen über Land zogen, die man Völvas nannte und die den Menschen ihr Schicksal voraussagten. Auch kündeten sie über die Erträge des Jahres und manches andere, was man wissen wollte«.

Nach den Beschreibungen in den Sagas hat man versucht, Darstellungen der Völvas anzufertigen (siehe Abb. 45). In Dänemark befaßt man sich sogar wissenschaftlich am Campus Odense der Syddansk-Universitet mit den Völvas, ihrem Aussehen und ihrem Zauber (Abb. 46).

Der Begriff „Völva" lautet im Süden „Wala"; auf einem griechisch beschrifteten Ostrakon (Tonscherbe) aus dem 2. Jh. u. Zt., den man auf der ägyptischen Insel Elephantine gefunden hatte, fand sich auf einer langen Soldliste von römischen und gräkoägyptischen Soldaten die folgende Inschrift in der vorletzten Zeile:

Abb. 45: Rekonstruktion des Aussehens einer Völva nach den Textquellen.

»Waluburg. Se[m]noni Sibylla«.
(»Waluburg, semnonische Seherin«).

Diese Wala gehörte wohl zum germ. Stamm der Semnonen, nicht zum keltischen Stamm der Senones, denn ihr Name ist germanisch. Wie sie auf die römische Soldliste kam, ist unklar. Sie kann wie Veleda gefangen und deportiert worden sein, oder sie folgte freiwillig irgendeinem römischen Offizier in dienender Stellung.

Die Bezeichnung „Wala" war jedenfalls so bekannt im Volke, daß die Kirche den Vorabend des Maifestes einer heiligen „Walpurga" widmete, deren Name an die alte Seherinnenbezeichnung „Wala" anklingt, wenngleich er sich tatsächlich wohl eher aus „Wald-burga" oder „Wall-Burg" herleitet.

Noch im 9. Jh. wird bei den Alemannen und Franken eine Seherin „Thiota" erwähnt, deren Name etwas wie „Deuten, Auslegen" bedeutet.

In den Sagas finden wir mehrere Völven, so in der Gullthorissaga 1 die „Heimlaug Völva", in der Vatnsdoela Saga 44 die „Thórðis Spákona" oder in den Landnámabók 37 eine „Thuriðr Spákona". „Spá", althochdeutsch „spáhi", bedeutet „Spähung, Schau, Vorhersage".

Die häufigste Bezeichnung für Zauber ist altnord. „Seiðr". Der Gott Óðinn ist der Gott, der den Seiðr der Asen beherrscht, nach der Vergeiselung mit den Vanen kam die Göttin Freyja zu den Asen und lehrte diesen den Seiðr, wie er bei den Vanen üblich ist. Damit beherrschen nun die Götter beide Seiðr-Formen und sind noch mächtiger geworden.
„Seiðr", althochdt. „Seita" („Zauber") hängt mit Begriffen wie „Strick, Fessel, Seil" (althochdeutsch „Seit") zusammen, vgl. „Saite" (des Mu-

sik-instrumentes). Es war ursprünglich also ein mit Bändern bewerkstelligter oder bindender Zauber der später eher negativ angesehen wurde. „Seiðr" wurde dann zu einem allgemeinen Wort für „Zauber" ohne besonderen Schwerpunkt; es gibt also eine „Seiðkona", die „Gandreið" übt oder man versteht das „Außensitzen" („útiseta") um Geister aufzuwecken unter dem Begriff „Seiðr". Wir finden einige mit „Seiðr" zusammengesetzte Bezeichnungen wie „Seiðkona" („Seidfrau"), „Seiðmáðr" („Seidmann"), „Seið-hjallr" („Seidgestell"), „Seiðberendr" („Seidträger") usw. In der Laxdoela Saga 76 wird ein „Seiðstafr", also ein Zauberstab im Grab einer Völva gefunden. In einem Grabe auf Island fand man einen großen Zauberstab, so daß man schloß, es sei das Grab einer Völva. Auf ihm ist ein mit Messing beschlagener Knopf, und oben um den Knopf herum sind Steine gesetzt[149]. Weitere Gräber von Völven, erkenntlich am Stab als Grabbeigabe, fand man in Veka, Vangen Sogn, Hordaland (Norwegen), Fyrkat (Dänemark) oder Birka (Schweden).

Eine andere Bezeichnung für eine Zauberfrau ist „Galdrakona", deutsch „Galsterweib". „Galdr" (althochdt. „Galstar") bedeutet wörtlich „Gellen", also singen („galan"). Hier ist besonders der religiöse Kultgesang gemeint und vogelstimmenähnlicher Gesang. Die „Nachtigall" ist der Vogel, der in der Nacht „gellt", also seinen Zaubergesang hören läßt[150].

Die „Laekningar" sind „Heiler, Heilerinnen", deutsch „Lachsnerin". Denn natürlich gehörte auch die Heilkunde in den Bereich des magischen Wirkens. Zwei bekannte mittelalterliche Zauberbücher aus England tragen diese Bezeichnung auch, da in ihnen hauptsächlich Heilzauber enthalten sind, das „Laeknunga" sowie das „Leech-Book"[151].

Mit den zuweilen erwähnten „Herbaria" sind „Kräuterkundige" gemeint.

Zu der in Deutschland bekanntesten Bezeichnung, „Hexe", komme ich im nächsten Kapitel. Damit waren sicher ursprünglich bestimmte, meist schädigende Geistwesen gemeint, bevor die Bezeichnung auf zaubernde Frauen übertragen wurde, die mit bestimmten Geistwesen in Verbindung standen.

Ähnlich sieht es aus mit den „Zaunreiterinnen" (althochdt. „Zúnriten", altnord. „Túnriður"), also Wesen die auf dem Zaun zwischen Diesseits und Jenseits sitzen, und die laut Hávamál 155 „durch die Lüfte lenken", den „Abendreiterinnen" (altnord. „Kveldriður") oder den „Dunkelreite-

Abb. 46: Völva auf der dänischen Universität in Odense bei der Demonstration eines Seidzaubers.

rinnen" (altnord. „Myrkriður"). Auch hinter den „Druden" („Drutte") oder „Truden" kann man sowohl Geistwesen, als auch Zauberfrauen verstehen.

In den Quellen finden wir auch den nichtgermanishen Begriff „Striga/Stria" für Hexen, die in einem Kessel einen Zaubertrank brauen.

11.
Hexenbünde

Es fällt nun auf, daß alle Seherinnen bzw. Zauberinnen einen Stab (*walus) trugen. In der Edda (Skaldskaparmál 18) wird z. B. auch der Zauberstab der Riesin Gríðr, der Mutter des Gottes Viðars, der „Gríðarvölr", erwähnt. Einen ähnlichen Stab nennt auch die junge Samsons Saga fagra. Könnte es sein, daß es auch regelrechte Bünde von Zauberinnen gab, die ihren Mitgliedern das Recht, den Stab zu führen, verliehen?

Ein interessanter Hinweis ist in der Eiriks Saga rauða zu finden[152]:

»Eine Frau war da in der Siedlung namens Thorbjörg. Sie war eine Seherin, genannt die kleine Völva [litilvölva]. Sie hatte neun Schwestern gehabt, und alle waren Seherinnen gewesen. Nur sie war noch am Leben«.

Neun Schwestern, zusammen mit Thorbjörg also zehn Seherinnen – ist hier wirklich an leibliche Schwestern zu denken, die „zufällig" alle Völven waren? Wenn es neun leibliche Schwestern waren, dann ist zu vermuten, daß auch noch Brüder vorhanden waren, denn nur Mädchen allein als Geschwister sind nicht anzunehmen. Wir kämen dann vielleicht auf 15 bis 20 Kinder im kalten und kargen Grönland. Das wäre eine für damalige Verhältnisse sehr ungewöhnlich hohe Kinderzahl. Und daß alle Geschwister sich ausgerechnet für die selbe Tätigkeit als Seherinnen entschieden haben sollten, ist noch unwahrscheinlicher. Ich gehe daher davon aus, daß die zehn Schwestern mit ihren „Eltern" zusammen einen Convent von Völven bildeten, daß hier also keine leiblichen Schwestern gemeint sind, sondern Schwestern im Sinne z. B. eines Ordens. Es war dann also ein Bund von Zauberinnen, die im Mittelalter immer wieder erwähnt wurden.

Auch in Rom gab es Bünde von Zauberinnen. Im Jahre 1983 wurde in einem Grab bei Larzac in Südfrankreich ein späteisenzeitliches Bleitäfelchen entdeckt (siehe Abb. 47). Es war in zwei Teile gebrochen und lag auf einer Tonurne mit den Überresten einer Frau. Auf den zwei Teilen fand sich ein in lateinischer Schrift geschriebener gallischer Text von 160 Worten. In dem Text wird von zwei rivalisierenden Gruppen von Zauberinnen („mit Magie Begabte" wie es heißt) erzählt. Die eine Gruppe habe der andern mit Zauber schaden wollen, doch habe diese den Schadenszauber durch weise Frauen neutralisieren lassen. Es wurde also nicht nur ein Gegenzauber veranstaltet, sondern es wurden auch weise Frauen zur Hilfe gerufen. Vielleicht sind damit auch spirituelle Wesenheiten (Geistfrauen) gemeint. Das ihnen geschehene Unrecht wurde auf dem Bleitäfelchen festgehalten und der Toten – vielleicht eine der Übeltäterinnen – ins Grab gelegt.

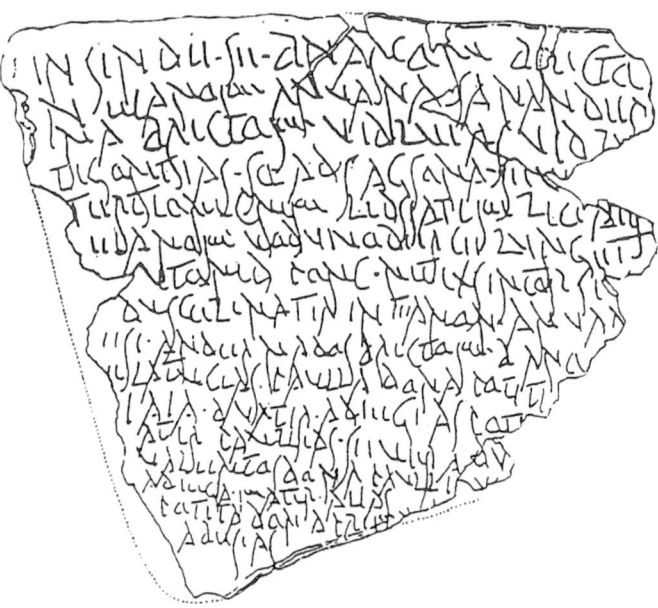

Abb. 47: Bleitäfelchen aus Larzac, späte Eisenzeit.

Auch in der in der 2. Hälfte des 13. Jh. verfaßten Örvar-Odds-Saga finden wir einen regelrechten Convent. Es heißt in der Saga[153]:

»Eine Frau wurde Heið genannt, sie war eine Seherin und Zauberin und wußte durch ihre Zauberkunst von ungeschehenen Dingen. Sie fuhr zu Festen weit im Land umher, dorthin, wo die Bauern sie einluden. Sie sagte den Menschen ihr Schicksal und die Witterungsverhältnisse und andere Dinge voraus. Sie hatte dreißig Leute bei sich: fünf-

zehn Jungen und fünfzehn Mädchen. Es war ein großes Gefolge [raddlið], weil dort viele Zauberlieder gesungen werden sollten, wo sie sich aufhielt (...) Sie ging zu der Zeit mit ihren Leuten hinaus, um den Zauber auszuüben, als die anderen schlafen gingen«.

Eindeutig ist in dieser Schilderung das Gefolge mit am Zauber beteiligt. Daß es gleichviel Jungen wie Mädchen sind, kann auch kein Zufall sein, sondern weist auf irgendeine Magie hin, in der beide Geschlechter benötigt werden. Man denkt unweigerlich auch an einen spiritistischen Kreis, bei dem die Seherin das Medium ist.

Jan de Vries schreibt[154]:

»Der seiðmaðr oder die seiðkona – denn beide Geschlechter haben sich daran beteiligt – treten immer mit einem Gefolge auf«.

Abb. 48: Höhlenmalerei von Cogul, Spanien, Altsteinzeit.

Bei Cogul im Nordosten Spaniens fand man eine altsteinzeitliche Höhlenmalerei (siehe Abb. 48); man sieht 9 Frauen um einen nackten Mann herumtanzen. Die Frauen sind bekleidet und tragen kleine konische Hüte, die vielleicht eine kultische Bedeutung haben. Rechts will man drei junge Frauen erkennen, links davon drei Frauen mittleren Alters und ganz links drei alte Weiber. Das Bild ist 68 cm breit. Es gibt ein weiteres derartiges Höhlenbild, auf dem 12 Frauen dargestellt sind.

Der römische Schriftsteller Pomponius Mela berichtet im 1. Jahrhundert von der südenglischen Insel Sena (Scilly Isles), daß es dort ein gallisches Orakel mit 9 jungfräulichen Priesterinnen gegeben habe. Diese Priesterinnen konnten Krankheiten heilen, die Zukunft vorhersagen und den Elementen gebieten. In einem walisischen Manuskript des 13. Jahrhunderts erscheinen 9 Jungfrauen, welche mit ihrem Atem den wundersamen Zauberkessel von Annwyn zum Sieden bringen. Der Kessel kochte ständig Speisen und konnte Tote zum Leben erwecken. Im keltischen „Peredur" des „Mabinogion" (14. Jh.) erscheinen 9 Hexen von Gloucestershire, welche das Land verheeren; sie konnten auch weissagen. Es heißt[155]:

»Auf einem Berg vor ihm erblickte er [Peredur] eine Burg. Und als er sie erreicht hatte, schlug er mit der Lanze gegen das Tor. Und – siehe! – darauf öffnete ein rotbrauner, hübscher Bursche das Tor, von Aussehen und Größe ein Krieger, von Alter aber ein Knabe. Und als Peredur die Halle betrat, da saß dort eine große, schöne Frau auf einem Stuhl und Jungfrauen rings um sie. Und die Herrin hieß ihn willkommen. Und als es nun Zeit schien, gingen sie zur Mahlzeit. Und als das Mahl beendet war, sprach sie: „Es wäre für dich besser, anderswohin schlafen zu gehen". – „So darf ich also hier nicht schlafen?" – „Neun Hexen sind hier, mein Freund, und mit ihnen ihr Vater und ihre Mutter. Es sind die Hexen von Gloucester. Und sobald der Tag anbricht, ist es nur möglich, ihnen entweder zu entkommen, oder von ihnen getötet zu werden. Sie haben das Reich überlaufen und verwüstet bis auf dieses eine Haus"«.

Peredur bleibt natürlich dort und besiegt am Morgen eine der Hexen, die einen Helm getragen hatte. Die Hexe sagt nun:

»„Schenk mir Gnade, schöner Peredur, Sohn des Evrawc, Gnade um Gottes Willen!" – „Woher weißt du, Hexe, daß ich Peredur bin?" – „Es war mir bestimmt und vorhergesagt, daß ich von dir Leid erfahren würde, und daß du von mir Pferd und Waffen erhalten sollst. Und auch, daß du eine Zeitlang bei mir sein würdest, um Unterricht in der Reitkunst und im Gebrauch deiner Waffen zu erhalten". „Wenn dem so ist", sagte Peredur, „will ich dich begnadigen. Dein Wort jedoch, daß ihr niemals mehr im Reich dieser Gräfin Unheil stiften wollt!". Peredur erhielt dies zugesichert, und mit der Erlaubnis der Gräfin zog er mit den Zauberweibern von dannen an den Hexenhof. Und dort verweilte er ohne Unterbrechung drei Wochen«.

Sehr wahrscheinlich sind auch diese neun Hexen keine leiblichen Schwestern, sondern ein Hexenbund, und die erwähnten Eltern die Oberhexen. Auch in einer walisischen Geschichte des Mittelalters, die Robert Graves in seinem Buch „Die weiße Göttin" erwähnt, kommen neun Hexen vor: Der alte St. Samson von Dol betritt den heiligen Hain von neun wilden Schwestern. Daraufhin läuft eine von ihnen, eine grauhaarige, rotgekleidete Alte, schreiend auf ihn zu, bewaffnet mit einen blutigen Dreizack, und ersticht seinen jungen Reisegefährten.

In dem isländischen Märchen „Der Hexenritt" sieht ein junger Mann 12 Frauen an einem Tisch sitzen, daneben ein Mann, dem die Frauen große Ehrfurcht zollen. Es stellt sich heraus, daß die 12 Frauen eine Hexenschule besuchten und vom Teufel in den Künsten unterwiesen wurden.

Abb. 49: „Robin Goodfellow" wird von Mitgliedern eines Hexenbundes umtanzt. Holzschnitt von 1693.

Es gibt einen englischen Holzschnitt aus dem Jahre 1693, der eine Gestalt namens „Robin Goodfellow" zeigt, die von 12 Mitgliedern eines Hexenbundes umtanzt wird (Abb. 49). Hierbei handelt es sich um einen gemischten Bund, bestehend aus 6 Männern und 6 Frauen, wie beim olympischen Götterpantheon.

Bei „Robin Goodfellow" handelt es sich um eine verteufelte Darstellung des Gottes Wodan (Óðinn), der noch lange in England heimlich verehrt wurde. „Robin" ist die Koseform des Namens „Rof Breoht" der angelsächsischen Namensform von Wodan, altdeutsch „Hruodperath", deutsch „Ruprecht". Er verschmolz mit dem „Robin" („rubinrot") der Robin-Hood-Legenden. „Hood" bedeutet „Hut, Kappe", der Breithut ist ein Attribut des Gottes Wodan, der deswegen auch den Beinamen „Síðhöttr" („Langhut") trägt.

Im Mittelalter soll es regelrechte Hexenbünde auch bei uns gegeben haben, und es ist denkbar, daß sie eine alte heidnische Tradition fortführten. Der Begriff „Hexe" (althochdt. „hazus, hazhus, hazes, hazis", angelsächsisch „hägtesse, hägesse", mittelniederländisch „hagetisse, haghedisse", mittelhochdt. „hegxe, hexse") ist nicht eindeutig geklärt, vielleicht handelt es sich um die Wörter „hag" („Zaun, Einhegung, Wald") und „zessa" („Sturm, Tosen, Zausen"), also meint das Wort „die den Hag Zerzausende" und damit einen schädigenden Geist. Der Begriff wurde aber auf reale Personen, in der Regel Frauen, übertragen[156].

Wenn es nun aber regelrechte Bünde von Zauberinnen und Zauberern gegeben hat, dazu auch Zauberschulen, dann muß es auch formelle Einweihungen in diese Bünde gegeben haben. Aus dem Werk „Compendium Maleficarium" des Francesco-Maria Guaccio von 1608 stammen Bilder von Riten der Hexen. Zwar betrachtet Guaccio diese Riten aus einem sehr feindlichen, christlichen Blickwinkel; auch sind einige Bilder verschieden deutbar, aber dennoch hat uns Guaccio hier Reste von authentischen Ritualen aus der Zeit, als das Christentum schon etabliert war, aber immer noch Hexenbünde oder heidnische Kult- und Opfergemeinden im Verborgenen bestanden, überliefert. Einige will ich hier besprechen.

Abb. 50 oben zeigt die Anwärter auf die Aufnahme in den Bund, wie sie in einem Bannkreis stehend den Teufel herbeirufen. Der Teufel steht natürlich immer für eine (oder mehrere) heidnische Gottheiten.
In Abb. 50 unten sehen wir den Teufel, der natürlich wieder eine heidnische Gottheit symbolisiert, die sonst zuweilen auch von einem Priester dargestellt wird. Ihm gegenüber Männer und Frauen, die in den Hexenbund aufgenommen werden wollen. Sie müssen sich dabei vom herrschenden Christentum lossagen, indem sie auf ein Kreuz treten. Es sind auch Hostienschändungen oder dergleichen überliefert. Das Lossagen vom bisherigen Weltbild ist der erste Schritt in der Einweihungszeremonie und kommt bei Übergangsriten vieler Völker seit der ältesten Zeit vor. Um dem Christengott zu entsagen mußte die Anwärterin einen geschälten weißen Stab (nämlich wiederum den Zauberstab „Völr" den schon die heidnischen Völven trugen) ergreifen, mit diesem eine Kröte berühren und sagen[157]:

»Ich fasse an diesen Stock
Und verlasse Marias Sohn und Gott«.

»Hier trete ich in dein Nest
Und verlasse Herrn Jesum Christ!«

»Hier stehe ich auf diesem Mist
Und verleugne Herrn Jesu Christ!«

Abb. 50: Anrufung im Bannkreis und Lossagung vom Kreuz. Guaccio 1608.

In der christlichen Zeit war die Ausübung des Heidentums oder heidnischer Zauber bei Lebensgefahr verboten. Umso mehr mußten die Bünde darauf achten, daß sie keinen „Spitzel" in ihre Reihen aufnahmen, der dann alle dem Inquisitionsgericht auslieferte. Uns mag systematische Hostienschändung kurios vorkommen, den Zauberern damals gab so etwas Sicherheit, denn kein gläubiger Christ hätte es je gewagt, eine Hostie zu schänden, um sich so Eintritt in die Gruppe zu verschaffen. Unter der Folter wäre sein Hostienfrevel ruchbar geworden und hätte auch ihm – trotz seiner Absichten – wohl das Ende durch den Scharfrichter verschafft.

Das Bild 51 oben zeigt nun die „Taufe" der einzelnen Anwärter durch den „Teufel", ursprünglich dem Priester als Vertreter oder in der Maske der Gottheit. Die Weihe mit Wasser bei Übergangs- und Aufnahmeriten ist schon aus heidnischer Zeit bezeugt. Das Wasser symbolisiert natürlich das Wasser des Lebens und stellt eine Reinigung dar. Daß der „Teufel" es austeilt, zeigt, daß ursprünglich eine Gottheit hier gemeint war, denn der Teufel „reinigt" ja nicht, sondern „beschmutzt". Im „Hexenhammer" von 1487 wird daher gefragt:

»Ob er [der Teufel] sie anders getauft habe?
Was der Teufel über sie abgegossen und woher er es genommen?«

Abb. 51 unten zeigt eine Verballhornung des Bruderkusses, den es am Schluß von Initiationsriten gibt, z. B. bei der Priesterweihe oder Firmung. Hier nun küßt der „Teufel" seine neuen Gefolgsleute nicht mit dem Munde, sondern wird auf den Hintern geküßt. Somit ist es eine Umkehrung und Huldigung des „Teufels" selbst. Möglicherweise spielen noch Erinnerungen an Fruchtbarkeitskulte des Gottes Pan mit hinein - zumindest in der Phantasie des Guaccio.

In einem weiteren Bilde (hier nicht abgedruckt) soll dargestellt sein, wie der Hexer dem Teufel als Zeichen seiner Unterwerfung ein Kleidungsstück gibt, damit der Teufel auf diese Weise Macht über ihn erhält.

Möglicherweise aber ist es auch umgekehrt, denn in dieser Form ist es in den Übergangsriten gut bezeugt: Der Anwärter erhält vom „Teufel" ein Gewand, als Zeichen seiner neuen Existenz. Die Bilder scheinen mehrdeutig zu sein, alten Bräuchen werden teuflische und andere Motive unterstellt.

Abb. 51: Die Taufe der Neulinge und der Huldigungskuß. Guaccio 1608.

Auch bei der kirchlichen Priesterweihe erhält der Anwärter ein neues Gewand, bei der Taufe gibt es ein Taufhemd, beim Ritterschlag eine Rüstung. Fast bei jedem Übergangsritus – bis hin zum Tod, wo es ein Totenhemd gibt – erhält der Anwärter ein neues Gewand.

In der Abb 52 oben sehen wir, wie der Hexer den „Teufel" bittet, seinen Namen aus dem „weißen Buch des Lebens" zu tilgen und ihn in das „schwarze Buch des Todes" einzutragen. Wer würde sich freiwillig dem Tode weihen? Der Sinn ist natürlich ein anderer: Der Einzuweihende bekommt in diesem Ritus auch einen neuen Namen; der alte Name wird also gestrichen und ein neuer Hexenname vergeben und eingetragen. Er ist nun in das Mitgliedsverzeichnis des Hexenbundes eingetragen und er hat seine Seele der Gottheit dieses Bundes, hier als „Teufel" dämonisiert, „verschrieben".

Auf einem weiteren Bild (hier nicht wiedergegeben) soll dargestellt sein, wie der „Teufel" seinen Anhängern ein Zeichen, das „Teufelsmal", auf die Stirn zeichnet, ähnlich wie die Hinduisten sich die Stirn nach einem Ritual rot zeichnen lassen. Möglicherweise findet aber auch nur eine Art der Handauflegung (Weihe) statt, bei der der Anwärter vielleicht auch gesalbt oder anderweitig mit roter Farbe gezeichnet wird.

Die Abb 52 unten ist der vorläufige Abschluß, der „Teufel" auf seinem Thronsessel sitzend lehrt seinen Verehrern und Anhängern, also den Hexen und Hexenmeistern, die ihm huldigen, seine Weisheiten und seinen Zauber. Genau darum geht es wohl zuerst, denn die Hexen wollen ja Zauberei erlernen. In heidnischen Thinggemeinden war es der Gode, der seinen Leuten die heidnische Religion und Mythologie beibrachte. Denn diese Aufnahmeriten können wir sinngemäß immer auch auf heidnisch-religiöse Aufnahmen beziehen. Statt dem Teufel ist es eine Gottheit, die von einem Mitglied der Kultgemeinschaft oder des Bundes dargestellt wird, oder es ist ein Priester, eine Oberhexe usw.

Da es beim Heidentum auch um frohe Feste geht, und auch die Hexen frohe Hexenfeste feierten, die in der Regel an der Natur orientiert waren und in denen die Götter im Mittelpunkt standen, wo es aber auch reichhaltige Schmausereien und Lustbarkeiten mit Gesang und Tanz gab, finden wir nun auch bei Guaccio ein Bild, welches ein frohes Feiern zeigt (Abb. 53 oben). Es sind große Feuer zu sehen, die noch heute im Brauchtum üblich sind, und Teufelchen als Diener tragen Speisen an die Tische

Abb. 52: Namensübertragung und Unterrichtung. Guaccio 1608.

der feiernden „Hexen". „Teufel" und „Hexen" bilden nun also eine Mahls-Gemeinschaft, eine Einheit. Damit ist ein uralter heidnischer Gedanke ausgedrückt, nämlich der, daß die Gottheit (der „Teufel") ihre Anhänger („Hexen") mit ihrer Kraft (die „Teufelchen") durchdringt und den Anhängern hilft, und ihnen Reichtum und Wohlstand verschafft.

Abb. 53 unten zeigt, daß die „Hexen" nun dem „Teufel" ihre neugeborenen Kinder weihen. Es war einer der Hauptvorwürfe, die die Kirche den Hebammen und überhaupt den Frauen machte, nämlich daß diese die neugeborenen Kinder gleich nach der Geburt heimlich den „Dämonen" weihten, bevor noch ein Priester sie taufen konnte. Da die erste Weihe gilt, war nach kirchlicher Lehre das betreffende Kind verloren und war dem „Teufel" geweiht, selbst wenn es noch christlich nachgetauft wurde. Da ein neugeborenes Kind zuerst von der Hebamme gewaschen wurde, die dabei natürlich noch ihre heidnischen Gebete murmeln konnte, gab es hier einen Bereich, in den die Kirche kaum vordringen konnte. Mit Hebammenverordnungen und strikten Verboten wollte man diese Weihen verhindern. Wie ich schon auf Seite 52 aufgezeigt hatte, wurden in heidnischer Zeit Kinder bestimmten Gottheiten geweiht, nicht nur zukünftige Goden, sondern auch normale Kinder. Anhand der Vornamen kann man oft die jeweilige Gottheit noch erkennen.

Selbst in den verzerrten Darstellungen der Renaissance sind noch deutliche Reste heidnischer Einweihungsriten zu sehen, doch können wir nicht genau sagen, ob es sich um die Einweihung in einen regelrechten Hexenconvent, oder um ein einfaches Aufnahmeritual von Heiden in eine Kultgemeinde handelt.

Die Hexenverfolgungen begannen übrigens nicht im „finsteren" Mittelalter, sondern in der Neuzeit, und nachdem inzwischen viele der Prozeßakten verlorengegangen sind, übertrumpfen sich die Forscher gegenseitig damit, die Zahl der ermordeten Hexen so klein wie möglich anzugeben. Der Quedlinburger Stadtsyndikus Gottfried Christian Voigt (1740-1791) errechnete 9,4 Millionen ermordete Hexen und Ketzer.

Das Vorhandensein von Spezialisten auf dem Gebiete der Magie bei den Germanen ist ein Indiz dafür, daß beide Funktionen, Magie und religiöses Priestertum, getrennt waren, wenngleich gegenseitige Überschneidungen natürlich vorhanden waren. Der godische Kult umfaßte auch magische Bereiche und Riten, und der Zauber der Völven, Seidleute und späteren

Abb. 53: Ein frohes Fest und die Weihe eines Kindes. Guaccio 1608.

Hexen ist ohne Verbindungen zum Götterglauben nicht denkbar. Von den Göttern erhält der Zauberer seine Kraft, die Götter selbst lehrten den Zauber und die Götter haben die Welt geschaffen, nach deren Gesetzen auch der Zauber wirkt. Daneben gibt es Geistwesen, die für den Zauber herbeigerufen wurden. Auch diese Geistwesen bilden ein Teil der altheidnischen Religion und Weltvorstellung und erst unsere unreligiöse, materielle Zeit glaubt, daß „Zauber" auch völlig unabhängig von Religion erfolgreich ausgeübt werden könne.

Literatur (Auswahl):

R. L. M. Derolez, Götter und Mythen der Germanen, Wiesbaden 1963;
Miranda J. Green, Die Druiden - Die Welt der keltischen Magie, Düsseldorf, München 1998;
Jacob Grimm, Deutsche Mythologie, 3 Bde., Berlin 1875-78;
Jacob Grimm, Deutsche Rechtsaltertümer, 2 Bde., Berlin 1956;
Wilhelm Grönbech, Kultur und Religion der Germanen, 2 Bde., Darmstadt 1954;
Thorsteinn Gudjónsson, Thingvellir - The Parliament Plains of Iceland, Reykjavík 1985;
Paul Herrmann, Das altgermanische Priesterwesen, Jena 1929;
Jean Markale, Die Druiden - Gesellschaft und Götter der Kelten, München 1989;
R. M. Meyer: Altgerman. Religionsgeschichte. Berlin 1909;
Åke V. Ström, Germanische und baltische Religion, Stuttgart, Berlin, Köln, Mainz 1975, S, 274;
Jan de Vries, Altgermanische Religionsgeschichte, 2 Bde., Berlin 1956/57.

Abbildungsnachweis:

(1)(38) Klaus Bemmann, Der Glaube der Ahnen – Die Religion der Deutschen bevor sie Christen wurden, Essen 1990;
(2)(3)(8)(14)(18)(20)(22)(28)(29)(31)(35)(36)(39)(45)(46)(48) Archiv des Verfassers und eigene Bilder sowie Weltnetz;
(4)(5)(16)(42) Wolfgang Schulz, Altgermanische Kultur in Wort und Bild, München 1934;
(6)(7) O. S. Reuter, Das Rätsel der Edda und der arische Urglaube, 2 Bde., Sontra 1922f;
(9) Brockhaus Konversations-Lexikon, Leipzig 1886;
(10)(12)(13) Ludvig Frands Adalbert Wimmer, Die Runenschrift, Berlin 1887;
(10)(11) Helmut Arntz, Die Runenschrift – Ihre Geschichte und ihre Denkmäler, Halle 1938;
(15) Museum für Vor- und Frühgeschichte, Berlin, Führungsblätter;
(17) Zdeněk Váňa, Mythologie und Götterwelt der slawischen Völker, Stuttgart 1992;
(19)(34) Gerhard Tiggelkamp, Die Externsteine im Teutoburger Wald, Bad Kreuznach o. O. o. J.;
(21)(40)(41) Werner Brast, Die Externsteine – Eine bewiesene germanische Kultstätte und Sonnenwarte, Berlin 1983;
(23) G. Williams, P. Pentz, M. Wemhoff, Die Wikinger, München 2014;
(24) Magnus Magnusson, Werner Forman, Die Wikinger – Letzte Boten der germanischen Welt, Luzern, Herrsching 1986;
(25)(26)(30) Bernhard Maier, Lexikon der keltischen Religion uund Kultur, Stuttgart 1994;
(27) Géza von Neményi, Heidnische Naturreligion – Altüberlieferte Glaubensvorstellungen, Riten und Bräuche, Bergen 1988;
(32)(33) Thorsteinn Gudjónsson, Thingvellir – The Parliament Plains of Iceland, Reykjavik 1985;
(37) Paul Herrmann, Das altgermanische Priesterwesen, Jena 1929;
(43) Jörg Lechler, 5000 Jahre Deutschland, Struckum 1983;
(44) Anders Bæksted, Goð og Hetjur í heiðjum Sið, Copenhagen 1986;
(47) Miranda J. Green, Die Druiden – Die Welt der keltischen Magie, Düsseldorf, München 1998;
(49)(50)(51)(52)(53) Thomas Hauschild, Heidi Staschen, R. Troschke, Hexen – Katalog zur Ausstellung, Hamburgisches Museum für Völkerkunde 1979.

Anmerkungen

1 Marieluise Deißmann (Übers.), Gaius Iulius Caesar, Der Gallische Krieg, Stuttgart 1985, De bello gallico VI, 21, 1, S. 168;
2 Baron Árpád v. Nahodyl Neményi, Der Slawen-Mythos – Wie aus Ostgermanen ein Volk der „Slawen" mit fremder Sprache und Mythologie wurde, Norderstedt 2015, S. 27f;
3 Géza von Neményi, Götter, Mythen, Jahresfeste – Heidnische Naturreligion, Holdenstedt 2004;
4 G. Drosdowski, P. Grebe, Duden Etymologie – Herkunftswörterbuch der deutschen Sprache, Mannheim 1963, S. 528;
5 Hans Wagner, Anatolien war nicht Urheimat der indogermanischen Stämme, Interview mit Prof. Jürgen Udolph, in: Eurasisches Magazin, 3/2004; ferner: Jürgen Udolph, Namenkundliche Studien zum Germanenproblem, Berlin - New York 1994;
6 Lothar Kilian, Zum Ursprung der Indogermanen, Bonn 1983;
7 George Dumézil, La religion romaine archaique, Paris 1966, S. 176 und Anm. 1;
8 Satapatha Brahm. I, 3, I, 26, zitiert nach: Hermann Oldenberg, Religionen des Veda, Stuttgart 1917, S. 372:
9 Vaj. Samh. XXII, 22, wie (8), S. 370
10 Hubert-Mauß, L'année sociologique, 1898, S. 53 ;
11 Aitareya VIII, 24, wie (8), S. 375;
12 Ait. Br. VIII, 24, wie (8), S. 376;
13 Karl-Friedrich Geldner (Übers.), Rig-Veda – Das Heilige Wissen Indiens, Göttingen, Leipzig 1923, IV, 50, 8, S. 481;
14 Johann Ch. Hüttner, Das Gesetzbuch des Manu, Bielefeld 1980, Vers 163, S. 32;
15 wie (13), II, 1, 2, S. 275;
16 wie (4), S. 229;
17 Wolfgang Schulz, Altgermanische Kultur in Wort und Bild, München 1934, Tafel 18;
18 Jan de Vries, Altgermanische Religionsgeschichte, Berlin 1956/57, 2 Bde., Bd. I, § 276, S. 398f;
19 Gl I: 88, 15 (auf: cis.uni-muenchen.de);
20 Géza v. Neményi, Heilige Runen – Zauberzeichen des Nordens, München 2004, S. 141;
21 wie (20), S. 382f.
22 Wilhelm Heizmann, Joachim Schiedermair (Hrsgb.), Hoch, Eben-

hoch, der Dritte: Elite als Thema skandinavistischer Literatur, München 2012, S. 127;
23 wie (20), S. 218f;
24 Jacob Grimm, Deutsche Mythologie, Berlin 1875-78, Bd. III, N 37;
25 wie (1) VIII, 38, S. 276;
26 H. Wesche, Beiträge zu einer Geschichte des deutschen Heidentums, PBB 61 (1937), S. 6-8;
27 Jan de Vries, Altnordisches Etymologisches Wörterbuch, 1957, 181;
28 wie (18), Bd. 2, § 343, S. 3f;
29 Alexander Heine (Hrsgb.): Paulus Diakonus Geschichte der Langobarden. Übers. v. O. Abel, Essen, Stuttgart 1986, I, 9, S. 57;
30 Alexander Heine (Hrsgb.), Jordanis Gotengeschichte, Essen, Stuttgart 1986, Kap. X, S. 40;
31 R. M. Meyer: Altgerman. Religionsgeschichte. Berlin 1909, S. 172;
32 Beowulfepos Vers 1702, Felix Genzmer Übers. Beowulf und das Finnsburg-Bruchstück, Stuttgart 1953, S. 57;
33 wie (20), S. 429ff;
34 wie (20), S. 47;
35 wie (20), S. 46, 181f;
36 wie (20), S. 53-56;
37 Gustav Kramer, Strabonis Geographica, Berlin 1852, Bd. VII, 2, 3, 294;
38 Landnámabók Kap. 64 bzw. 29 und 180 bzw. 147 (in der dt. Übersetzung der Landnámabók nicht enthalten);
39 Landnámabók Kap. 276 (in der dt. Übersetzung der Landnámabók nicht enthalten);
40 Felix Niedner (Übers.), Norwegische Königsgeschichten I., Sammlung Thule Bd. 17, Düsseldorf-Köln 1965, Codex Flateyjarbók I, 335-339, Seite 75-78;
41 Gustav Neckel (Übers.), Sieben Geschichten von den Ostland-Familien, Sammlung Thule Bd. 12, Düsseldorf-Köln 1964, Vapnfirðinga Saga Kap. 5, S. 23;
42 J. C. M. Laurent, W. Wattenbach (Übers.), Adam von Bremen Hamburgische Kirchengeschichte, Essen, Stuttgart 1986, IV, 27, S. 278;
43 Felix Niedner (Übers.), Die Geschichte vom Goden Snorri, Sammlung Thule Bd. 7, Düsseldorf-Köln 1964, Eyrbyggja Saga 15, S. 34;
44 wie (42), Scholion 128 (133), S. 332;
45 wie (43), Eyrbyggja Saga 4, S. 19;
46 Felix Niedner (Übers.), Die Geschichte vom Skalden Egil, Sammlung Thule Bd. 3, Jena 1923, Egils Saga Skallagrímssonar Kap. 84, S. 258;

47 Manfred Fuhrmann (Übers.), Tacitus Germania, Stuttgart 1971, Kap. 10, S. 9;
48 wie (2), S. 95 und 133;
49 wie (41), Hrafnkels Saga Freysgoða Kap. 3 und 4, S. 75ff;
50 wie (47), Kap. 40, S. 29;
51 wie (47), Kap. 11 und 7, S. 7 und 10;
52 wie (18), Bd. I, § 148, S. 201f;
53 A. Heusler, Fr. Ranke (Übers.), Fünf Geschichten von Ächtern und Blutrache, Sammlung Thule Bd. 8, Düsseldorf-Köln 1964, Hardar Saga Grímkelssonar Kap. 10, S. 203;
54 R. L. M. Derolez, Götter und Mythen der Germanen, Wiesbaden 1963, S. 237f;
55 Ludwig Ettmüller, Altnordischer Sagenschatz, Stuttgart o. J., S. 463;
56 Walter Baetke (Übers.), Geschichten vom Sturlungengeschlecht, Sammlung Thule Bd. 24, Düsseldorf-Köln 1967, Sturlunga Saga I, 9, S. 57;
57 wie (30), Kap. 5, S. 30;
58 Elard Hugo Meyer, Mythologie d. Germanen, Straßburg 1903, S. 297;
59 wie (43), Eyrbyggja Saga, Kap. 7 und 11, S. 22 u. 27;
60 Felix Niedner (Übers.), Snorris Königsbuch (Heimskringla) I., Sammlung Thule Bd. 14, Düsseldorf-Köln 1965, Ynglinga Saga Kap. 7, S. 33;
61 Wilhelm Teudt: Germanische Heiligtümer, 4. Aufl., Jena, 1936;
62 Ursula Mackert, Sagen aus Island, Frankfur 1978, S. 107. vgl. auch Á. Avenstrup, E. Treitel, Isländische Märchen und Volkssagen, Berlin 1950;
63 J. N. Ritter v. Alpenburg, Mythen und Sagen Tirols, Zürich 1857, S. 256;
64 wie (1), VI, 14, 1-3, 5-6, S. 164f;
65 Geza von Nemenyi, Sagen der Externsteine, Germ. Reihe Heft 41, Berlin o. J. S. 5f; Josef Seiler, Volkssagen und Legenden des Landes Paderborn, Cassel 1848, S. 56f; Frhr. v. Haxthausen, K. Wehrhahn, Die Externsteine im Sagenkranze, in: Lippischer Kalender 1904, S. 23-28;
66 Das 2. Buch der Chronika, Paralipomena Lib. 2, Kap. 2;
67 Dr. Ludwig Eisenhoffer, Handbuch der katholischen Liturgik, Freiburg 1933, Bd. 2, S. 355-407;
68 wie (47), Kap. 39, S. 28;
69 wie (60), Ynglinga Saga Kap. 2, S. 28;

70 Walter Baetke (Übers.), Islands Besiedlung und älteste Geschichte, Sammlung Thule Bd. 23, Düsseldorf-Köln 1967, Landnámabók 259, Ulfljótslög, Buch 4, Kap. 3, S. 134f;
71 wie (47), Kap. 43, S. 30;
72 wie (37), VII, 2, 3;
73 Wilhelm Tessendorf, Aus dem Berliner Sagenschatz, 6. Aufl., Berlin 1967, S. 5ff;
74 W. H. Vogt, Frank Fischer (Übers.), Fünf Geschichten aus dem westlichen Nordland, Sammlung Thule Bd. 10, Düsseldorf-Köln 1964, Vatnsdœla Saga Kap. 26, S. 73;
75 Kormáks Saga Ögmundarssonar Kap. 12 (in der dt. Übersetzung der Saga nicht enthalten);
76 wie (18), Bd. 1, § 272, S. 391 ;
77 Dr. Ludwig Eisenhoffer, Handbuch der katholischen Liturgik, Freiburg 1933, Bd. 2, S. 378;
78 Paul Herrmann, Das altgermanische Priesterwesen, Jena 1929, S. 14;
79 wie (74), Bandamanna Saga Kap. 4, S. 274;
80 W. Ranisch, W. H. Vogt (Übers.), Fünf Geschichten aus dem östlichen Nordland, Sammlung Thule Bd. 11, Düsseldorf-Köln 1964, Ljosvetninga Saga Kap. 4, S. 140;
81 Andreas Heusler (Übers.), Isländisches Recht Die Graugans, Germanenrechte Bd. 9, Weimar 1937, S. 35-131;
82 wie (43), Eyrbyggja Saga, Kap. 4, S. 19;
83 J. Broschart, A. Gageik, I. Priebe (Übers.), Kjalnesinga Saga und Jökuls Þáttr Búasonar, Essen 1985, Kap. 2, S. 11;
84 Droplaugarsona Saga 6, Þorðar Saga hréðu S. 94 und Flateyjarbók I, 249;
85 Charles Plummer, John Earle, Two of the Saxon chronicles parallel, Oxford 1889, S. 26-27;
86 wie (18), Bd. 2, § 446, S. 160;
87 E. Wessén, Studier til Sveriges hedna mytologi och fornhistoria, UUÁ 1924 Nr. 6, 129;
88 Ludwig Gruber, Erschließung des Sinnzusammenhanges der Runenreihe auf Spuren einer urzeitlichen Glaubenswelt, Wien 1955, S. 71ff;
89 wie (70), Landnámabók 259, Ulfljótslög, Buch 4, Kap. 3, S. 134f;
90 Hermann Pálsson, Áss hin almáttki, in: Skírnir 130, 1956, S. 187-192;
91 Géza von Neményi, Kommentar zu den Götterliedern der Edda Teil 1 - Die Odinslieder, Holdenstedt 2008, S. 62;
92 wie (47), Kap. 31, S. 23;
93 wie (80), Víga Glums Saga, Kap. 25, S. 90f;

94 Otto Schrader, Sprachvergleichung und Urgeschichte, Bd. II, Costenoble 1907, S. 409;
95 Wilhelm Wägner, Unsere Vorzeit Bd. 1, Leipzig 1907, S. 154;
96 Hans-Jürgen Hillen (Hrsgb.), T. Livius Römische Geschichte Buch 31-34, München, Zürich 1986, Ab urbe conditia 7, 9-11;
97 Polybios, Historia 2, 29-31;
98 Pompeius Trogus, Epitome 43, 4;
99 Claudian, Laudatio Stilicho 2, 240;
100 Andreas Heusler (Übers.), Die Geschichte vom weisen Njal, Düsseldorf, Köln 1963, Sammlung Thule Band 4, Njals Saga Kap. 88, S. 188f;
101 wie (20), S. 37;
102 wie (70), Islendingabók 5, Kap. 5, S. 48;
103 wie (70), Landnámabók IV Kap. 3, S. 135;
104 wie (81), Grágas II 56, S. 91;
105 wie (43), Eyrbyggja Saga Kap. 16, S. 36;
106 wie (81), Grágas II 56 und 61, S. 91 und 106;
107 wie (60), Ynglinga Saga Kap. 2, S. 28;
108 C. A. Vulpius, Handwörterbuch der Mythologie der deutschen, verwandten, benachbarten und nord. Völker, Leipzig 1826, S. 110;
109 wie (24), Bd. 1, S. 74ff;
110 wie (1), VI, 13, 8-9, 10-12, S. 162;
111 wie (81), Grágas VI, 117, S. 196;
112 wie (1), VIII, 38, 3-5, Seite 276;
113 wie (1), VII, 3, 1, S. 186;
114 wie (37), 7, 1;
115 wie (47), Kap. 10, S. 9;
116 Alexander Heine Hrsgb., Caesar-Tacitus Berichte über Germanen und Germanien, Essen, Stuttgart 1986, Lib. I., 57, S. 151f;
117 Concilii Aquilensis Epistola, Migne, P. L. LXII, 465;
118 Beda, Historia ecclesiastica gentis Anglorum 2, 13;
119 wie (18), Bd. 1, § 276, S. 398f;
120 wie (70), Landnamabok I, 3, S. 69;
121 Åke V. Ström, Germanische und baltische Religion, Stuttgart, Berlin, Köln, Mainz 1975, S, 274;
122 J. Grimm, Dt. Rechtsaltertümer, Bd. II, Berlin 1956, S. 360;
123 Albert Kranz, Wandalia, Lübeck 1656, 5, 11;
124 Ammianus Marcellinus, Libri rerum gestarum 28, 5;
125 wie (14), S. 20, 23ff, 27, 32ff;
126 Karl Kerényi, Antike Religion, Stuttgart 1995, S. 166f:

127 Wilhelm Grönbech, Kultur und Religion der Germanen, Darmstadt 1954, Bd. II, S. 206f;
128 wie (47), Kap. 40, S. 29;
129 wie (43), Eyrbyggja Saga Kap. 4, S. 19;
130 wie (70), Landnámabók Kap. 98, S. 85;
131 wie (43), Eyrbyggja Saga Kap. 16, S. 36;
132 Alexander Heine, Helmold Chronik der Slaven, Essen, Stuttgart 1986, Lib. I, Kap. 84, S. 236;
133 wie (53), Hardar Saga Grímkelssonar Kap. 38, S. 251;
134 wie (18), Bd. 1, § 229, S. 321;
135 Wilhelm Bötticher, Andreas Schaefer (Übers.), Cornelius Tacitus sämtliche erhaltene Werke, Essen o. J., Historien IV, 61, S. 265;
136 wie (78), S. 17;
137 wie (135), Historien IV, 65, S. 267;
138 wie (135), Historien V, 22, S. 292;
139 wie (135), Historien V, 24, S. 293;
140 Friedrich Albert Groeteken, Sagen des Sauerlandes, Dortmund 1921;
141 Papinius Statius, Silvae I, 4, 89;
142 wie (47), Kap. 8, S. 8;
143 Cassius Dio, Hist. Rom 67, 5;
144 Cassius Dio, Hist. Rom 55, 1, 3;
145 wie (30), Kap. XXIV, S. 66;
146 Felix Niedner (Übers.), Grönländer und Färinger Geschichten, Sammlung Thule Bd. 13, Düsseldorf-Köln 1965, Eiriks Saga rauða Kap. 3, S. 28;
147 wie (91), S. 57ff;
148 wie (40), Fjörutiu Islendinga Thaettir 200-222, S. 111;
149 wie (78), S. 44;
150 Géza v. Neményi, Die Sprache der Vögel, Holdenstedt 2014, S. 104;
151 Godfrid Storms, Anglo-Saxon Magic, Gravenhage 1948; Felix Grendon, The Anglo-Saxon Charms, in: The Journal of American Folklore, Vol. 22, Nr. 84, 1909, S. 105-237;
152 wie (146), Eiriks Saga rauða Kap. 3, S. 28;
153 B. Menge, Th. Pietsch, M. Schwering (Übers.), Örvar-Odds Saga – Die Saga vom Pfeile-Odd, Leverkusen 1990, Kap. II, S. 9f;
154 wie (18), Bd. I, § 237, S. 330;
155 Helmut Bürkhan (Übers.), Keltische Erzählungen vom Kaiser Arthur Teil 1, Kettwig 1989, S. 131f.
156 Catrin Wildgrube, Die Welt der Hexen, Holdenstedt 2003, S. 11;
157 wie (156), S. 43.

Weitere Bücher des Verfassers:

Unter dem Realnamen oder dem Pseudonym „Geza von Nemenyi".

Baron Árpád v. Nahodyl Neményi, „Der Ursprung biblischer Mythen – Die Enträtselung christlicher Glaubensvorstellungen", Verlag Books on Demand 2015, 388 Seiten, 52 Abbildungen, ISBN 978-3-7347-7522-2, 16,80 €

Baron Árpád v. Nahodyl Neményi, „Was unsere Märchen bedeuten – Deutung der bekanntesten Märchen aus der Sammlung der Gebrüder Grimm", Verlag Books on Demand 2015, 470 Seiten, 96 Abbildungen, ISBN 978-3-7347-9796-5, 16,80 €

Baron Árpád v. Nahodyl Neményi, „Das geistige und materielle Weltbild", Verlag Books on Demand 2015, 128 Seiten, 22 Abbildungen, ISBN 978-3-7347-7323-5, 6,80 €

Baron Árpád v. Nahodyl, „Im Roulette gewinnen - Mit welcher Strategie man im Roulette und Lotto gewinnen kann", Kersken-Canbaz-Verlag 2013, 75 Seiten, 21 farbige Abbildungen, ISBN 978-389423-135-4, 12,80 €

Baron Árpád v. Nahodyl, „Adeliges Bewußtsein - Welches Selbstverständnis man als Adeliger in der modernen bürgerlichen Welt hat und wie man es lebt", Verlag Books on Demand 2013, 236 Seiten, 20 Abbildungen, ISBN 978-3-7322-8898-4, 14,90 €.

Baron Árpád v. Nahodyl, „Zukunftsschau mit Runen", Sigrid Kersken-Canbaz Verlag 2015, 66 Seiten 9 Abbildungen, ISBN 978-389423-138-5, 9,95 €

Baron Árpád v. Nahodyl, „Zukunftsschau mit Spielkarten" Sigrid Kersken-Canbaz Verlag 2015, 70 Seiten, 17 Abbildungen, ISBN 978-389423-139-2, 9,95 €

Baron Árpád v. Nahodyl, „Zukunftsschau mit Tarotkarten" Sigrid Kersken-Canbaz Verlag 2015, 73 Seiten, 12 teils farbige Abbildungen, ISBN 978-389423-140-8, 9,95 €

Baron Árpád v. Nahodyl, „Zukunftsschau aus dem Namen" Sigrid Kersken-Canbaz Verlag 2015, 91 Seiten, viele Figuren im Text, ISBN 978-389423-141-5, 9,95 €

Géza v. Neményi, „Götter, Mythen, Jahresfeste - Heidnische Naturreligion", Reihe Altheidnische Schriften, Kersken-Canbaz-Verlag 2004, 284 Seiten, 40 Abbildungen, ISBN 3-89423-125-4, 23,90 €.

Géza v. Neményi, „Heilige Runen - Zauberzeichen des Nordens", Heyne 2003, 2. Auflage, Ullstein 2004, 460 Seiten, 99 Abbildungen, ISBN 3-453-86457-3, 11,95 €. (Russische Übersetzung bei Veligor).

Géza v. Neményi, „Die Wurzeln von Weihnacht und Ostern - Heidnische Feste und Bräuche", Kersken-Canbaz-Verlag, Holdenstedt 2006, 275 Seiten, 62 Abbildungen, ISBN 3-89423-132-7, 24,80 €.

Géza v. Neményi, „Lieder der Vorzeit - Götterlieder, Heldenlieder und alte Volkslieder", Reihe Altheidnische Schriften, Verlag Books on Demand, Noderstedt 2013, 392 Seiten, fest gebunden, ISBN 978-3-8482-6853-5, 39,80 €.

Géza v. Neményi, „Die Sprache der Vögel - Deutung von Angang, Flug und Stimme der Vögel", Kersken-Canbaz-Verlag 2015, 161 Seiten, 60 Abbildungen, ISBN 978-3-89423-137-8, 13,80 €.

Géza v. Neményi, „Kommentar zu den Götterliedern der Edda - Teil 1, Die Odinslieder", Reihe Altheidnische Schriften, Kersken-Canbaz-Verlag, Holdenstedt 2008, 250 Seiten, 20 Abbildungen, davon 13 in Farbe, ISBN 978-3-89423-133-0, 29,80 €.
Géza v. Neményi, „Kommentar zu den Götterliedern der Edda - Teil 2, Die Thorslieder", Reihe Altheidnische Schriften, Kersken-Canbaz-Verlag 2012, 151 Seiten, 26 teils farbige Abbildungen, ISBN 978-3-89423-133-0, 22,90 €.
Géza v. Neményi, „Kommentar zu den Götterliedern der Edda - Teil 3, Die Vanenlieder", Reihe Altheidnische Schriften, Kersken-Canbaz-Verlag, Holdenstedt 2014, 221 Seiten, 11 Abbildungen, davon 7 in Farbe, ISBN 978-3-89423-136-1, 27,80 €.

Weitere Informationen finden Sie im Internet auf der Autorenseite: http://baron-nahodyl.npage.de/